Para Henry Kissinger

Sumário

Introdução 9

1. Ficções a respeito do Mal 25
2. O gozo obsceno 73
3. Os consolos de Jó 115

Referências bibliográficas 139
Índice remissivo 141

Introdução

Há quinze anos, dois garotos de dez anos de idade torturaram e mataram um bebê no norte da Inglaterra. A população reagiu horrorizada, embora não tenha ficado inteiramente claro por que ela achou esse assassinato específico particularmente revoltante. Afinal de contas, as crianças são criaturas semissocializadas de quem se espera, de vez em quando, um comportamento bastante selvagem. Segundo Freud, elas têm um superego ou um senso moral mais frágil que os mais velhos. Nesse sentido, é surpreendente que acontecimentos horríveis como esse não aconteçam com mais frequência. Talvez as crianças matem umas às outras o tempo todo e simplesmente se mantenham caladas sobre o assunto. William Golding, um autor que examinaremos logo mais, parece acreditar, em seu romance *O senhor das moscas*, que um bando de escolares deixados sem controle numa ilha deserta se massacraria em menos de uma semana.

Isso talvez se deva ao fato de estarmos dispostos a acreditar em todo tipo de coisas sinistras a respeito das crianças, já que elas parecem uma raça semialienígena entre nós. Como não trabalham, não está claro para que servem. Não têm relações sexuais, embora talvez

Sobre o mal

estejam guardando segredo a respeito disso também. Elas têm a esquisitice das coisas que se parecem conosco em alguns aspectos, mas não em outros. Não é difícil fantasiar que elas estejam conspirando coletivamente contra nós, à maneira da fábula *A aldeia dos malditos* de John Wyndham. Como as crianças não participam plenamente do jogo social, podem ser consideradas inocentes; mas, justamente pelo mesmo motivo, podem ser consideradas como crias de Satã. Os vitorianos oscilavam constantemente entre visões angelicais e demoníacas da sua prole.

Um policial envolvido no caso do bebê assassinado declarou que, quando bateu os olhos num dos acusados, soube que ele era mau. Esse é o tipo de coisa que prejudica a reputação do mal. A decisão de literalmente demonizar o garoto dessa maneira era para embaraçar os liberais de coração mole. Era um ataque preventivo contra quem pudesse apelar às condições sociais para procurar compreender por que eles tinham feito aquilo. E essa compreensão sempre pode trazer a absolvição como consequência. Ter chamado a ação de má significa que ela estava além da compreensão. O mal é incompreensível. É apenas uma coisa em si mesma, como entrar num trem de subúrbio lotado usando simplesmente uma enorme jiboia. Nenhum contexto conseguiria explicá-la.

O grande antagonista de Sherlock Holmes, o diabolicamente mau professor Moriarty, é apresentado como se lhe faltasse quase inteiramente esse contexto. No entanto, é significativo que Moriarty seja um nome irlandês, e que Conan Doyle escrevesse numa época em que havia uma grande preocupação na Grã-Bretanha acerca do fenianismo irlandês revolucionário. Talvez os fenianos lembrassem Doyle do seu próprio pai irlandês bêbado e violento, que tinha sido trancado num manicômio. Portanto, fazer de alguém chamado Moriarty uma imagem do mal absoluto provavelmente seja mais explicável do que parece. Mesmo assim, ainda se imagina com frequência que o mal seja algo sem pé nem cabeça. Um bispo evangélico inglês escreveu em 1991 que, entre os sinais claros de possessão demoníaca, estavam a

Introdução

risada inadequada, a sabedoria inexplicável, um sorriso falso, a ascendência escocesa, parentes que tinham sido mineiros de carvão e o costume de escolher o preto como cor da roupa e do carro. Nada disso faz sentido, mas é assim que acontece com o mal. Quanto menos sentido ele faz, pior ele é. O mal não está relacionado a nada além de si mesmo, como uma causa.

Na verdade, a palavra passou a significar, entre outras coisas, "sem uma causa". Se os assassinos da criança fizeram o que fizeram por estarem entediados, por morarem precariamente ou por omissão dos pais, então (assim o policial pode ter temido) as circunstâncias é que os forçaram a fazer o que fizeram; e, consequentemente, não poderiam ser punidos por aquilo tão severamente como ele desejaria. Isso sugere, erradamente, que uma ação que tem uma causa não pode ser realizada livremente. Desse ponto de vista, as causas são formas de coerção. Se as nossas ações têm causas, não somos responsáveis por elas. Não posso ser responsável por furar o seu crânio com um castiçal, já que o tapa de reprovação que você deu no meu rosto é que causou isso. Por outro lado, acredita-se que o mal não tenha causa, ou que seja a sua própria causa. Como veremos, este é um dos vários pontos de semelhança entre ele e o bem. Além do mal, só Deus é considerado a causa de si mesmo.

Existe uma espécie de tautologia, ou de argumentação circular, implícita na opinião do policial. As pessoas fazem coisas más porque são más. Algumas pessoas são más assim como algumas coisas são azul-escuras. Elas cometem ações más não para atingir um objetivo, mas simplesmente em razão do tipo de gente que são. Mas isso não poderia significar que elas não podem deixar de fazer o que fazem? Para o policial, a ideia de mal é uma alternativa a esse determinismo. Mas parece que descartamos um determinismo do ambiente apenas para substituí-lo por um determinismo do caráter.

O que o força a cometer atos execráveis é, então, o seu caráter, não as suas condições sociais. E embora seja muito fácil imaginar uma transformação ambiental – com a demolição dos cortiços,

Sobre o mal

a construção de clubes para a juventude e a expulsão dos traficantes de *crack* –, é mais difícil imaginar uma transformação completa como essa quando se trata do caráter humano. Como eu poderia ser completamente transformado e continuar sendo eu? Porém, se por acaso eu for mau, só uma transformação profunda como essa servirá. Portanto, pessoas como esse policial são muito pessimistas, ainda que elas provavelmente se indignassem diante da acusação. Se o que você tem de enfrentar é Satanás em vez das condições sociais desfavoráveis, o mal pareceria imbatível. E esta é uma notícia desanimadora para o policial (entre outros). Dizer que os garotos são maus dramatiza a gravidade do seu crime, tende a excluir a justificativa bondosa das condições sociais, e torna mais difícil perdoar os acusados. Mas isso tem um preço: sugerir que esse tipo de comportamento maligno vcio para ficar.

No entanto, se os jovens assassinos do bebê não podiam deixar de ser maus, então o fato é que eles eram inocentes. Muitos de nós, na verdade, reconhecemos que crianças pequenas não podem ser más, do mesmo modo que não podem se divorciar ou participar de contratos comerciais. Porém, sempre existe quem acredite em sangue ruim ou em genes malignos. No entanto, se algumas pessoas realmente nascem más, elas não são mais responsáveis por essa condição do que se nascessem com fibrose cística. A condição que deveria amaldiçoá-las consegue apenas redimi-las. O mesmo acontece quando consideramos os terroristas psicóticos, um termo que o principal assessor de segurança do governo britânico utilizou para classificá-los. Não podemos deixar de nos perguntar se esse homem está à altura do seu cargo. Se os terroristas são loucos, então ignoram o que estão fazendo e, portanto, são moralmente inocentes. Consequentemente, eles deveriam ser atendidos com todo o carinho em hospitais psiquiátricos em vez de terem os órgãos genitais mutilados em prisões secretas marroquinas.

Dizem às vezes que os homens e as mulheres maus estão "possuídos". Mas se eles realmente são vítimas indefesas de forças demoníacas, devem ser objeto de pena, não de condenação. Curiosamente,

12

Introdução

o filme *O exorcista* é ambíguo a respeito da nossa postura em relação à pequena heroína diabólica: devemos sentir nojo ou compaixão? As pessoas supostamente possuídas levantam a velha questão da liberdade e do determinismo de uma forma extremamente teatral. O diabo que está dentro da criança de *O exorcista* é a verdadeira essência do seu ser (nesse caso, deveríamos temê-la e sentir nojo dela), ou ele é um invasor alienígena (nesse caso, deveríamos ter pena dela)? Ela é apenas a marionete indefesa dessa força, ou essa força brota diretamente de quem ela é? Ou o mal é um exemplo de autoalienação, no sentido de que essa força medonha é e não é você? Talvez ela seja uma espécie de quinta-coluna, mas que está instalada bem no centro da sua identidade. Nesse caso, devemos sentir pena e temor ao mesmo tempo, como pensa Aristóteles sobre quem assiste a uma tragédia.

Aqueles que desejam punir outras pessoas por sua maldade precisam, então, afirmar que elas são más por sua livre e espontânea vontade. Talvez tenham escolhido deliberadamente o mal como seu objetivo, a exemplo do Ricardo III de Shakespeare, com seu desafiador "Estou decidido a ser um vilão"; o Satanás do *Paraíso perdido* de Milton, com seu "Mal, sê tu o meu bem!"; ou o Goetz de Jean-Paul Sartre, na peça *O diabo e o bom Deus*, jactando-se "Eu faço o mal pelo mal". No entanto, sempre se pode alegar que pessoas como essas, que visivelmente escolhem o mal, já devem ser más para agir assim. Talvez elas optem, de alguma forma, por aquilo que já são, como o garçom de Sartre fazendo de conta que é um garçom. Talvez elas estejam simplesmente saindo do armário moral, em vez de assumir uma identidade inteiramente nova.

Parecia que o policial no caso do assassinato do bebê estava tentando desacreditar a doutrina liberal que defende que compreender tudo é perdoar tudo. Isso pode ser usado para dizer que as pessoas são realmente responsáveis por aquilo que fazem, mas que a consciência das suas circunstâncias irá nos predispor a tratá-las com tolerância. Mas isso também pode ser usado para sugerir que, se as nossas ações são explicáveis racionalmente, não somos responsáveis por

Sobre o mal

elas. A verdade, ao contrário, é que a razão e a liberdade estão intimamente ligadas. Para quem não compreende esse ponto, procurar explicar atos maldosos é sempre uma tentativa tortuosa de livrar seus praticantes de uma situação difícil. Mas explicar por que eu passo alegremente meus finais de semana cozinhando texugos vivos não significa necessariamente perdoar o que faço. Pouca gente acredita que os historiadores procuram explicar a ascensão de Hitler para torná-lo mais atraente. Para alguns comentaristas, tentar compreender o que motiva os homens-bomba islâmicos mencionando, digamos, o desespero e a destruição na Faixa de Gaza é absolvê-los da sua culpa. Mas é possível condenar quem explode criancinhas em nome de Alá sem supor que não há explicação para o seu comportamento ultrajante – que eles aniquilam as pessoas simplesmente por distração. Não é preciso acreditar que a explicação em questão seja motivo suficiente para justificar o que eles fazem. A fome é um motivo suficiente para quebrar a vitrine de uma padaria às duas da manhã, mas normalmente não é considerado um motivo aceitável, pelo menos não pela polícia. A propósito, não estou sugerindo que a solução do problema israelo-palestino, ou de qualquer outra situação na qual os muçulmanos se sentem insultados e humilhados, faria que o terrorismo islâmico desaparecesse da noite para o dia. A dura realidade é que, provavelmente, é tarde demais para que isso aconteça. Como a acumulação de capital, o terrorismo tem uma dinâmica própria. Mas é legítimo apostar que, sem essas humilhações, esse terrorismo jamais teria ganhado fôlego.

Também é estranho supor que a compreensão certamente leva a uma maior tolerância. Na verdade, o contrário é muitas vezes verdade. Quanto mais aprendemos a respeito dos massacres inúteis da Primeira Guerra Mundial, por exemplo, menos sentimos que eles podem ser justificados. As explicações podem não apenas aguçar os julgamentos morais, mas também suavizá-los. Além disso, se o mal realmente está além da explicação – se ele é um mistério insondável –, como podemos saber o suficiente a respeito dele para condenar os malfeitores? A palavra "mal" geralmente é uma maneira de pôr fim a uma

Introdução

discussão, como um soco no plexo solar. Como a ideia de gosto, a respeito do qual supostamente não se discute, ela é uma espécie de termo que provoca uma pausa, pausa essa que impede o surgimento de outras questões. Ou bem as ações humanas são explicáveis, e nesse caso elas não podem ser más; ou bem elas são más, e nesse caso não há nada mais a ser dito a respeito delas. O argumento deste livro é que nenhum desses pontos de vista é verdadeiro.

Nenhum político ocidental pode se dar ao luxo de sugerir em público que existiriam motivações racionais por trás das coisas horríveis que os terroristas tramam. "Racionais" pode ser traduzido muito facilmente como "louváveis". No entanto, não há nada de irracional em roubar um banco, ainda que isso não seja geralmente considerado louvável. (Embora, como observou Bertolt Brecht, "O que é roubar um banco comparado a fundar um banco?".) O Exército Republicano Irlandês tinha objetivos políticos bem pensados, por mais abomináveis que fossem alguns dos métodos empregados para alcançá-los. No entanto, havia aqueles, na mídia britânica, que ainda tentavam retratá-los como psicopatas. Para não humanizar esses ogros, prossegue o pressuposto, suas ações simplesmente não devem ter pé nem cabeça. Mas é justamente o fato de serem humanos que torna tão espantoso o que os terroristas fazem. Se eles realmente fossem inumanos, não ficaríamos nem um pouco surpreendidos com seu comportamento. Os horrores que eles cometem podem ser considerados, em Alfa Centauri, ações cotidianas sem nenhuma importância.

O uso do termo "mal" pelo policial foi claramente ideológico. Ele provavelmente temia que as pessoas fossem complacentes com os criminosos em razão de sua pouca idade, e considerou necessário insistir que até mesmo garotos de dez anos de idade são agentes moralmente responsáveis. (Na verdade, o público não foi complacente com eles de maneira nenhuma. Ainda há pessoas ávidas por matá-los agora que eles foram soltos.) Portanto, "mal" pode ser traduzido nesse caso como "responsável por seus próprios atos", igualzinho ao seu oposto, o bem. A bondade às vezes também é considerada livre do condicionamento social. O maior dos filósofos contemporâneos, Immanuel Kant, defendia justamente esse ponto de vista. É por isso que o Oliver Twist de Dickens não se deixa macular pela vida humilde da Londres criminosa na qual ele está mergulhado. Oliver nunca perde a aparência agradável, a retidão moral e a capacidade misteriosa de falar o inglês padrão, apesar de ter crescido num abrigo para pobres que trabalhavam em troca de casa e comida. (Presume-se que o astuto Dodger teria falado em dialeto *cockney** mesmo se tivesse sido criado no castelo de Windsor.) Mas isso não é porque Oliver é um santo. Se ele é imune à influência corruptora dos ladrões, dos assassinos e das prostitutas, não é tanto por ser moralmente superior, e sim porque a sua bondade é, de algum modo, genética, tão resistente à moldagem das circunstâncias como as sardas e o cabelo ruivo. No entanto, se Oliver simplesmente não pode deixar de ser bom, sua virtude certamente não deve ser mais admirada que o tamanho de suas orelhas. Além disso, se é a sua pureza de intenção que o torna imune à malignidade do submundo, será que o submundo pode ser tão maligno assim como o pintam? Será que um Fagin realmente malvado não conseguiria desvirtuar aquela intenção? A virtude inatacável da criança não livra, involuntariamente, o velho maroto de uma situação difícil? Também podemos nos perguntar, tendo em mente a inocência inexpugnável de Oliver, se realmente admiramos uma bondade que não pode ser posta à prova. A antiquada visão puritana de que a virtude deve comprovar suas credenciais no combate vigoroso com seus inimigos, e, ao fazê-lo, deve se expor um pouco ao seu poder depravado, tem algo a dizer sobre isso.

No que diz respeito à responsabilidade, Kant e um tabloide de direita como o *Daily Mail* têm muito em comum. Moralmente falando, ambos defendem que somos totalmente responsáveis pelo que fazemos. Na verdade, essa autorresponsabilidade é considerada a própria essência da moralidade. Desse ponto de vista, recorrer ao

---

* Dialeto da classe baixa de Londres. (N. T.)

Introdução

condicionamento social não passa de uma desculpa. Os conserva-dores lembram que muitas pessoas, embora tendo sido criadas em condições sociais deploráveis, se tornam cidadãos cumpridores da lei. É como afirmar que porque alguns fumantes não morrem de cân-cer, ninguém que fuma morre de câncer. É essa doutrina da autorres-ponsabilidade absoluta que tem ajudado a superlotar os corredores da morte das prisões americanas. Os seres humanos precisam ser considerados completamente autônomos (literalmente: "a sua pró-pria lei"), porque invocar a influência de fatores sociais ou psicológi-cos no que eles fazem seria reduzi-los a zumbis. Na época da Guerra Fria, isso era o equivalente a reduzi-los à pior de todas as desgraças: cidadãos soviéticos. Portanto, assassinos com a idade mental de cinco anos ou mulheres espancadas que finalmente se voltam contra seus maridos agressivos têm de ser tão culpadas como Goebbels. Melhor um monstro que uma máquina.

No entanto, não existe uma diferença absoluta entre ser influen-ciado e ser livre. Boa parte das influências que sofremos tem de ser interpretada para afetar o nosso comportamento; e a interpretação é uma atividade criativa. Não é tanto o passado que nos molda, e sim o passado tal como nós (consciente ou inconscientemente) o inter-pretamos. E nós sempre podemos passar a decifrá-lo de maneira diferente. Além disso, alguém livre de influências sociais seria desse modo uma não pessoa, semelhante a um zumbi. Na verdade, ele não seria, de modo algum, um ser humano. Só podemos agir como agen-tes livres porque somos moldados por um mundo no qual esse con-ceito tem um significado e que nos permite agir sobre ele. Nenhum dos nossos comportamentos indiscutivelmente humanos é livre no sentido de estar isento de determinantes sociais, o que inclui o com-portamento indiscutivelmente humano de arrancar os olhos das pes-soas. Não seríamos capazes de torturar e massacrar se não tivéssemos aprendido um grande número de habilidades sociais. Mesmo quando estamos sozinhos, essa solidão não é a mesma de um balde de car-vão ou da Golden Gate. Para começo de conversa, é só por sermos

Sobre o mal

animais sociais, capazes de compartilhar através da linguagem nossa vida interior com os outros, que podemos falar de coisas como autonomia e autorresponsabilidade. Esses termos não se aplicam às lacrainhas. Ser responsável não é estar privado de influências sociais, mas se relacionar com essas influências de uma forma específica. É ser mais que uma marionete delas. Um conceito antigo de "monstro" era, entre outras coisas, o de uma criatura completamente independente dos outros. Os seres humanos podem, de fato, adquirir um grau de autodeterminação. Mas só podem fazê-lo no contexto de uma dependência mais profunda dos outros da sua espécie, uma dependência que, antes de mais nada, é o que os torna humanos. Como veremos, é isso que o mal rejeita. O sonho do mal é uma autonomia absoluta. É também *o* mito da sociedade de classe média. (O que não quer dizer que ser de classe média é ser mau. Nem mesmo os marxistas mais militantes acreditam nisso, em parte porque, antes de mais nada, eles tendem a não acreditar no mal.) Na dramaturgia shakespeariana, aqueles que alegam depender apenas de si mesmos, afirmando ser a única fonte da sua própria vida, são quase sempre vilões. Você pode invocar a autonomia moral absoluta das pessoas, então, como uma forma de convencê-las do mal; ao fazê-lo, porém, estará cedendo ao mito pelo qual os próprios malvados se deixaram enganar em grande estilo.

Décadas antes de os dois garotos matarem o bebê, outro clamor público sacudiu a Grã-Bretanha de ponta a ponta. Foi a onda de histeria moral diante da peça *Salva* de Edward Bond, na qual um grupo de adolescentes apedreja um bebê até a morte dentro do seu carrinho. A cena é um ótimo exemplo do velho clichê de que uma simples brincadeira sempre pode acabar saindo do controle. Seu propósito é demonstrar, passo a passo, inexoravelmente, como um bando de jovens entediados poderia cometer tal atrocidade sem que fossem nem um pouco perversos. Dizem que a mente vazia é a oficina do diabo, o que é uma sugestão um pouco estranha de que se manter ocupado é a melhor maneira de não acabar diante de um tribunal de

Introdução

crimes de guerra. No entanto, o problema dos perversos é que eles estão demasiado ocupados e não insuficientemente ocupados. Veremos mais adiante como o mal tem muito a ver com uma sensação de futilidade e falta de sentido; e um dos aspectos principais da cena de Bond é que os adolescentes realmente improvisam um sentido para si mesmos. Foi a banalidade do episódio, assim como a crueldade do ato em si, que provocou a ira da população britânica eternamente ofendida. Estavam nos mostrando como o indescritível pode brotar de algo absolutamente familiar, o que parecia diminuir a gravidade do ato. O mal deveria ser especial, não banal. Não é igual a acender um cigarro. A malevolência não pode ser tediosa. Veremos mais adiante como, ironicamente, este é um ponto de vista compartilhado pelos próprios perversos.

Pois existem, realmente, atos e indivíduos perversos, e aí se enganam tanto liberais compassivos como marxistas pragmáticos. No que diz respeito a estes últimos, o marxista americano Fredric Jameson escreve a respeito "das categorias arcaicas de bem e mal".[1] Somos forçados a admitir que Jameson não considera que a vitória do socialismo seria uma coisa boa. O marxista inglês Perry Anderson sugere que termos como "bem" e "mal" só seriam pertinentes para a conduta individual – nesse caso, é difícil compreender por que tentar resolver o problema da fome, combater o racismo ou desativar mísseis nucleares deve ser descrito como bem.[2] Marxistas não precisam rejeitar a noção de mal, como meu próprio caso exemplificaria; mas Jameson e alguns de seus colegas esquerdistas o fazem em parte porque tendem a confundir a moral com o moralístico. Com isso, ironicamente, eles se juntam ao pessoal da Maioria Moral americana. Moralismo significa considerar que os julgamentos morais existem numa esfera fechada própria, muito diferente das questões mais concretas. É por isso que alguns marxistas se sentem incomodados com o conceito de

---

1 Ver Jameson, *Fables of Aggression*, p.56.
2 Ver Anderson, *The Origins of Postmodernity*, p.65.

ética. Parece-lhes uma distração da história e da política, o que é um equívoco. Devidamente compreendida, a investigação moral leva em conta todo esse conjunto de fatores. Isso é tão verdadeiro em relação à ética de Aristóteles como à de Hegel ou Marx. O pensamento moral não é uma alternativa ao pensamento político. Para Aristóteles, ele faz parte do pensamento político. A ética considera questões de valor, de virtude e de qualidades, a natureza do comportamento humano e coisas afins, enquanto a política se dedica às instituições que permitem que esse comportamento floresça ou seja reprimido. Nesse caso, não existe nenhum abismo intransponível entre o privado e o público. Se a moralidade não se refere apenas à vida pessoal, a política também não se refere apenas à vida pública.

As pessoas discordam sobre a questão do mal. Uma pesquisa recente revelou que a crença no pecado é maior na Irlanda do Norte (91%) e menor na Dinamarca (29%). Ninguém que conheça de perto essa entidade patologicamente religiosa conhecida como Irlanda do Norte (a maior parte do Úlster) ficará de alguma forma surpreso com a primeira descoberta. Os protestantes do Úlster têm evidentemente uma visão mais sombria da vida humana que os dinamarqueses hedonistas. Considera-se que os dinamarqueses, como a maioria dos outros povos que leem jornal, acreditam de fato na existência da ganância, da pornografia infantil, da violência policial e das mentiras deslavadas da indústria farmacêutica. Só que eles preferem não chamar essas coisas de pecado. Pode ser porque, para eles, o pecado é uma ofensa contra Deus e não contra as outras pessoas. Não é uma diferença com a qual o Novo Testamento gaste muito tempo.

No geral, as culturas pós-modernas, apesar do fascínio por demônios e vampiros, pouco tiveram a dizer a respeito do mal. Talvez seja porque falte ao homem ou à mulher pós-moderna – impassível, provisório, descontraído e deslocado – a profundeza que a verdadeira destrutividade exige. Para o pós-modernismo, não há nada realmente a ser redimido. Para modernistas respeitados como Franz Kafka, Samuel Beckett ou o jovem T. S. Eliot existe, de fato, algo a ser

Introdução

redimido, mas ficou impossível dizer realmente o quê. As paisagens desoladas e devastadas de Beckett parecem um mundo que clama por salvação. Mas salvação pressupõe estado pecaminoso, e as figuras humanas debilitadas e vazias de Beckett estão tão mergulhadas na apatia e na inércia que são incapazes da menor imoralidade. Elas não conseguem nem reunir forças para se enforcar, quanto mais para pôr fogo numa aldeia de civis inocentes.

No entanto, reconhecer a existência do mal não é necessariamente defender que ele está além de qualquer explicação. É possível acreditar no mal sem imaginar que ele tenha uma origem sobrenatural. Conceitos de mal não têm de pressupor um Satanás de cascos fendidos. É verdade que alguns liberais e humanistas, junto com os descontraídos dinamarqueses, negam a existência do mal. Isso se deve, em grande medida, ao fato de eles considerarem a palavra "mal" um artifício para demonizar aqueles que, na realidade, não passam de desfavorecidos socialmente. É o que poderíamos chamar de teoria moral do agente comunitário. É verdade que, como já vimos, este é um dos empregos mais pedantes da palavra. Mas rejeitar o conceito de mal por esse motivo funciona melhor se pensarmos em viciados em heroína desempregados que vivem em moradias sociais do que em assassinos em série ou nos SS nazistas. É difícil considerar o SS como simplesmente desfavorecido. É preciso tomar cuidado para não deixar o Khmer Vermelho de fora do mesmo gancho em que adolescentes delinquentes são empalados.

Faz parte do argumento deste livro que o mal não é fundamentalmente misterioso, muito embora ele transcenda o condicionamento social cotidiano. A meu ver, o mal é realmente metafísico, no sentido de que ele adota uma postura em relação à vida em si, não apenas em relação a esta ou àquela parte dela. Fundamentalmente, ele quer eliminá-la por completo. Mas não estou sugerindo, com isso, que ele seja necessariamente sobrenatural, ou que careça de qualquer causalidade humana. Embora muitas coisas – a arte e a linguagem, por exemplo – não sejam apenas um simples reflexo das suas condições

21

sociais, isso não quer dizer que elas caiam do céu. O mesmo se aplica aos seres humanos em geral. Se não existe nenhum conflito necessário entre o histórico e o transcendente, é porque a própria história é um processo de autotranscendência. O animal histórico é sempre capaz de ir além de si mesmo. Não existem, por assim dizer, formas "horizontais" nem formas "verticais" de transcendência. Por que devemos sempre acreditar nestas últimas? A era moderna testemunhou o que se poderia chamar de uma transição da alma para a mente. Ou, se preferirem, da teologia para a psicanálise. Em diversos sentidos, esta última é uma substituta da primeira. Ambas são narrativas do desejo humano – embora para a fé religiosa esse desejo possa ser finalmente consumado no reino de Deus, ao passo que para a psicanálise ele deve permanecer tragicamente insatisfeito. Nesse sentido, a psicanálise é a ciência da inquietação humana. Mas a teologia também é. Com Freud, a repressão e a neurose desempenham o papel daquilo que os cristãos conhecem tradicionalmente como pecado original. Em cada caso, considera-se que os seres humanos nascem na doença. Mas isso não faz que a redenção seja inacessível. A felicidade não está fora do nosso alcance; só que ela exige de nós um rompimento e uma transformação traumáticos para os quais os cristãos dão o nome de conversão. Os dois conjuntos de crenças investigam fenômenos que finalmente ultrapassam as fronteiras do conhecimento humano, quer chamemos isso de inconsciente misterioso ou de um Deus insondável. Ambos são bem providos de rituais de iniciação, de confissão e de excomunhão, e ambos são dominados por disputas mortais. Eles também têm em comum o fato de provocarem uma incredulidade irônica por parte das pessoas sofisticadas, racionais e pragmáticas. A teoria do mal que exponho neste livro recorre bastante ao pensamento de Freud, sobretudo ao seu conceito de pulsão de morte; porém, espero demonstrar durante o processo como esse tipo de argumento permanece fiel a muitas visões teológicas tradicionais. Uma vantagem dessa abordagem é que ela vai além das discussões mais recentes que têm sido feitas sobre o mal. Muitas dessas investigações têm receado se distanciar demais de Kant, um filósofo que tem coisas muito interessantes a dizer sobre o mal, e do Holocausto. Em última análise, o mal tem tudo a ver com a morte – mas tanto com a morte do malfeitor como daqueles que ele extermina. Porém, para compreender o que isso significa, precisamos primeiro examinar algumas obras de ficção.

1
Ficções a respeito do Mal

Não há muitos romances nos quais o personagem principal morre nos primeiros parágrafos. E menos ainda nos quais ele é o único personagem do livro. Ficaríamos confusos se a Emma Woodhouse de Jane Austen quebrasse o pescoço no primeiro capítulo de *Emma*, ou se o Tom Jones de Henry Fielding aparecesse como um natimorto nas frases de abertura do romance. Algo assim, porém, é o que acontece no romance *Pincher Martin* de William Golding, que começa com um homem se afogando:

> Ele se debatia para todos os lados, ele era o centro da convulsão e estava enrolado sobre si mesmo. Não havia em cima nem em baixo, nem luz, nem ar. Sentiu que a boca se abria sozinha e emitia um som agudo: "Socorro!"

Considerando que não havia socorro à vista e que o homem, Christopher Martin, está se debatendo no meio do oceano, o romance se anuncia agradavelmente curto. Porém, com uma louvável presença de espírito, ele consegue tirar as botas de marinheiro, inflar o cinto salva-vidas e lutar para chegar até um rochedo próximo, onde sobrevive durante algum tempo. Só que seus esforços são realmente inúteis: na verdade, Martin morre antes de retirar as botas, embora não saiba disso. O leitor também não sabe, e só descobre isso na última linha do romance. Ao observar Martin se arrastando ao redor do seu rochedo imaginário, somos inteirados da condição do morto-vivo. *Pincher Martin* é a história de um homem que se recusa a morrer. No entanto, somos informados a partir de uma série de *flashbacks* que, para começo de conversa, esse oficial naval ávido, lascivo e manipulador realmente nunca esteve vivo. "Ele nasceu", observa um colega, "com a boca e a braguilha abertas e as mãos estendidas para agarrar." Seu isolamento no rochedo amplifica o fato de que ele foi um predador solitário o tempo todo. Martin usa os outros como instrumentos do seu próprio proveito ou prazer, e, no rochedo, ele está reduzido a usar seu próprio corpo exausto como uma peça enferrujada do mecanismo para realizar diversas tarefas. Como o estilo vigoroso e arrojado do romance sugere, o herói é despido até ficar reduzido à sua animalidade – à criatura instintivamente autoprotegida que ele sempre foi. É apropriado, portanto, que ele não saiba que está morto, já que a morte reduz o corpo a um pedaço de matéria sem sentido. Ela representa a separação entre a materialidade e o sentido.

Afastado do seu próprio corpo, Martin se instala nele semelhante a alguém que se senta numa grua, acionando seus membros como se fossem alavancas. O mal implica uma cisão entre o corpo e o espírito – entre uma vontade abstrata de dominar e destruir e o pedaço de carne sem sentido que essa vontade habita. Martin não vê, mas "usa" seus olhos para olhar as coisas que o rodeiam. Enquanto estava vivo, ele negava a existência dos corpos das outras pessoas, tratando sua carne simplesmente como um recurso mecânico para a sua própria satisfação. Agora, numa inversão claramente irônica, ele lida com seu próprio corpo como se fosse o corpo de outra pessoa. Seu extremo cansaço, o que significa que precisa mover os membros recorrendo à pura força de vontade, ressalta a forma como ele tratou os outros corpos humanos o tempo todo. Seu corpo, certamente, não faz parte da sua identidade. Ele está em guerra com a sua individualidade, em vez de ser o lugar em que essa individualidade se faz carne. Tudo que ainda se move nele é uma vontade sublimemente insaciável de sobreviver, que empurra o mecanismo pesado do seu corpo como um déspota. Por transcender todos os limites naturais, essa vontade representa uma espécie de infinito. Como tal, é uma versão secular do Deus que Martin deverá enfrentar numa luta de vida e morte. Portanto, esse marinheiro que naufragou é uma massa de matéria sem vida que se mantém unida apenas por um impulso inexorável. Esse impulso está localizado naquilo que o romance chama de "centro obscuro" – o núcleo eternamente vigilante da consciência enterrado em algum local dentro do crânio de Martin, que parece ser o único lugar em que ele está realmente vivo (embora até mesmo isso se mostrará uma ilusão). Esse centro obscuro é o ego monstruoso do herói, que é incapaz de refletir sobre si mesmo. Isso pode ser compreendido tanto no sentido factual como moral. A consciência humana não pode se esconder atrás de si mesma, pois quando refletimos sobre nós somos nós mesmos que estamos fazendo a reflexão. Nossa percepção das regiões obscuras de onde brota a consciência é, em si mesma, um ato de consciência, e, portanto, já distante daquela esfera. Mas Pincher Martin também não pode saber quem ele realmente é, no sentido de conhecer claramente sua própria natureza predatória. Se fosse capaz de fazer isso, ele poderia ser capaz de se arrepender e, portanto, de morrer de verdade. Na situação atual, ele se encontra preso dentro do próprio crânio. Mesmo o rochedo, cujos contornos lhe parecem curiosamente familiares o tempo todo, se revelam no formato preciso de um dente que lhe falta na gengiva. Ele está vivendo literalmente dentro da própria cabeça. O inferno não são os outros, como afirmou Jean-Paul Sartre. É justamente o contrário. É ficar preso por toda a eternidade com a mais lúgubre e indescritivelmente monótona de todas as companhias: a própria companhia.

O que o romance retrata, na figura do seu protagonista morto-que-se-recusa-a-deitar, é uma imagem deprimente do Homem Iluminista. Trata-se, certamente, de uma descrição grosseiramente unilateral da poderosa corrente de emancipação humana, como se poderia esperar de um cristão conservador e pessimista como Golding. Mas ele captura com um soberbo imediatismo alguns de seus aspectos menos agradáveis. Como vimos, Martin é um racionalista que trata seu próprio corpo e os corpos dos outros como meros objetos sem valor que devem ser moldados por sua vontade despótica. A única coisa que importa é o seu egoísmo brutal. Como uma espécie de moderno Crusoé colonizador, ele procura até mesmo exercer domínio sobre o rochedo no qual se encontra isolado, dando nomes a suas diferentes áreas e organizando seus fragmentos numa espécie de sequência. É quase como se a sua atividade altamente eficaz no rochedo seja uma forma de ocultar de si mesmo o fato de que está morto. Nesse sentido, também, Martin se comporta um pouco como Robinson Crusoé, que corta madeira e ergue paliçadas em sua ilha deserta com o bom senso imperturbável de um carpinteiro dos condados ao redor de Londres. Testemunhar essa praticidade anglo-saxônica resoluta mesmo no mais exótico dos ambientes nos transmite uma certa tranquilidade. Mas também nos transmite uma leve insanidade.

Na verdade, o que Martin mais valoriza é a inteligência prática. Iludido, ele se considera Prometeu, um poderoso herói do Iluminismo e personagem mitológico favorito de Karl Marx. Prometeu também foi acorrentado a um rochedo, mas se recusou a se submeter aos deuses. "Desista, se entregue", é a tentação sussurrada sedutoramente em seu ouvido; mas ele tem medo de perder o controle sobre si mesmo, o que aconteceria se ele morresse. Como tudo que ele sempre teve foi a si mesmo, a única alternativa à sobrevivência seria o nada absoluto. E até mesmo sua meia-vida atormentada no rochedo é preferível a nenhuma forma de existência.

Martin não pode morrer porque se considera valioso demais para desaparecer para sempre. Mas ele também é incapaz de morrer porque é incapaz de amar. Só os bons são capazes de morrer. Martin não pode se entregar à morte porque nunca foi capaz de se entregar aos outros em vida. Nesse sentido, o modo como se morre é determinado pelo modo como se vive. A morte é uma forma de autodespojamento que precisa ser exercitada em vida para se realizar com êxito. Senão, ela será um *cul-de-sac** em vez de uma possibilidade. Ser-para--os-outros e ser-voltado-para-a-morte são aspectos da mesma condição. *Pincher Martin* é considerado às vezes um romance sobre o inferno, mas, na verdade, é uma história sobre o purgatório. O purgatório não é uma antessala na qual tipos moralmente medíocres ficam sentados realizando diversas penitências até serem chamados pelo número e, então, se esgueirarem envergonhados rumo ao paraíso. Para a teologia cristã, é no momento da própria morte que descobrimos se tivemos amor suficiente dentro de nós para sermos capazes de partir apenas com uma dose suportável de conflito. É por isso que os mártires – aqueles que abraçam de fato a sua morte a serviço dos outros – tradicionalmente vão direto para o Céu.

Martin não está no inferno. Embora esteja praticamente morto, um traço fantasmagórico dele ainda persiste; além do mais, não pode haver vida no inferno, que é um estado de absoluta aniquilação. Não poderia haver ninguém "no" inferno, do mesmo modo que não poderia haver ninguém num lugar material chamado dívida, amor ou desespero. Para a teologia tradicional, estar no inferno é cair das mãos de Deus ao rejeitar deliberadamente seu amor, se tal condição é realmente imaginável. Nesse sentido, o inferno é o elogio mais grandiloquente à liberdade humana que se poderia imaginar. Se alguém é capaz até de rejeitar as palavras lisonjeiras do seu Criador, deve ser realmente poderoso. Mas como não pode haver vida fora de Deus, que é a fonte de toda força vital, a finalidade do inferno é uma questão de extinção, não de eternidade. Se existe algo como o fogo do inferno, só pode ser o fogo do amor implacável de Deus, que consome

---

* Beco sem saída (em francês no original). (N. T.)

Sobre o mal

aqueles que não conseguem suportá-lo. Os condenados são aqueles que vivenciam Deus como um terror satânico, já que ele ameaça separar as suas individualidades. Seu amor e sua misericórdia afrouxam o controle sobre eles e, ao fazê-lo, arriscam privá-los de seu bem mais precioso. Portanto, aqueles que vivem com medo do fogo do inferno podem ficar tranquilos. A boa notícia é que eles não vão queimar por toda a eternidade. Isso porque a má notícia é que eles serão simplesmente reduzidos a nada.

Em última análise, isso é provavelmente o que acontece a Christopher Martin, embora não possamos ter certeza. Seu amigo Nathaniel, cuja inocência acanhada e canhestra o enfurece, um pouco como o simples fato da existência de Otelo irrita Iago de maneira insuportável, conversa com ele a respeito da "técnica de morrer e ir para o Céu", dissolvendo-se na verdade suprema das coisas. Martin reage de maneira um pouco menos generosa tentando assassiná-lo. Em nossa atual condição aberrante, argumenta Nat, o amor de Deus nos apareceria como "simples negação. Sem forma ou vazio. Percebe? Uma espécie de raio negro que destrói tudo que chamamos vida". Deus é uma espécie de nada sublime. Ele é um terrorista do amor, cujo perdão implacável está condenado a parecer uma afronta insuportável para aqueles que não conseguem se deixar ir. Os condenados são aqueles que vivenciam a eternidade "boa" de Deus como uma eternidade "má". Do mesmo modo, podemos vivenciar o que os historiadores da arte chamam de sublime (montanhas altaneiras, tempestades marinhas, céus infinitos) como algo terrível ou magnífico, ou ambos.

A exemplo de Fausto, os condenados são orgulhosos demais para se submeterem a um limite. Eles não dobrarão os joelhos diante do finito, muito menos diante da sua própria criaturalidade.* É por isso que o orgulho é o defeito tipicamente satânico. É por isso também que eles têm tanto medo da morte, que é o limite absoluto do humano. No romance, o nada "bom" de Deus se contrapõe à insignificância

---

* Do original "creatureliness", condição de criatura. (N. T.)

30

"má" do próprio Martin, à sua simples incapacidade de viver. "Eu cuspo em sua compaixão... Eu cago no seu Céu!", ele grita no confronto final. Enquanto as linhas do raio negro se movem implacavelmente ao seu redor, procurando um ponto fraco por onde possam penetrar, Martin é reduzido a um par enorme de garras semelhantes às de uma lagosta, entrelaçadas como uma carapaça protetora por cima do indefinível centro obscuro da sua identidade. O raio esquadrinha as garras, procurando, com infinita paciência, separá-las:

> Só havia o centro e as garras. Elas eram enormes e sólidas, e vermelhas de tão inflamadas. Fechavam-se uma sobre a outra e estavam contraídas. Elas estavam delineadas como uma placa noturna contra o nada absoluto, e aplicavam toda a sua força uma contra a outra... O raio se esgueirou para dentro. O centro não percebia nada que não fossem as garras e a ameaça... Algumas das linhas [do raio] apontaram para o centro, esperando pelo momento em que poderiam penetrá-lo. Outras se apoiaram nas garras, movendo-se por cima delas, à espreita de uma fraqueza, corroendo-as com uma compaixão atemporal e impiedosa.

E é aqui que nos despedimos do nosso herói. Não sabemos se o raio negro teve êxito em suas sondagens e perquirições. Pode ser que, afinal de contas, Martin não seja aniquilado. Não sabemos se o raio do amor impiedoso de Deus acaba sendo uma negatividade má ou boa – se ele o destrói ou o transforma. Este é um dos motivos pelos quais *Pincher Martin* não é um romance sobre o inferno.

Existe um último detalhe a ser observado acerca da conclusão horripilantemente apocalíptica. Quando o raio negro começa sua obra destrutivamente recriadora, descobrimos que o rochedo e o oceano são meras ficções de papel:

> O mar parou de se mover, paralisou, se transformou em papel, papel pintado que foi rasgado por uma linha negra. O rochedo estava pintado no mesmo papel. Todo o mar pintado se inclinou, mas nada escorreu

Sobre o mal

para a fenda negra que tinha sido aberta nele. A fenda era íngreme, perfeita, três vezes real... As linhas de negrume absoluto caíam para a frente dentro do rochedo e se revelavam tão irreais como a água pintada. Fragmentos passaram e restou apenas uma ilha feita de papel ao redor das garras, e todo o espaço restante estava ocupado pela forma que o centro conhecia como nada.

O mundo autocriado de Martin acaba sendo, de maneira muito literal, uma ficção oca. Ele nada mais é que uma fantasia destinada a abolir a insuportável negatividade da morte. Essa revelação final é particularmente chocante dado o estilo extremamente físico do romance, que não poupa trabalho para recriar a impressão sensorial das coisas. Se existe algo com aparência de realidade, é esse rochedo em forma de cunha entalhada e seu ocupante congelado e encharcado até os ossos. Mesmo essa sensação de solidez, contudo, acaba sendo uma ilusão. O mal pode parecer resistente e sólido, mas, na verdade, é tão frágil como uma teia de aranha. No entanto, existe outro tipo de negatividade – a que é simbolizada pelo raio negro do amor de Deus – que é mais real que a própria realidade.

Pode haver um significado na escolha feita por Golding do sobrenome de seu herói. Pouco antes da publicação do romance, apareceu um livro que descrevia a Operação Carne Moída, um célebre estratagema posto em prática por volta do final da Segunda Guerra Mundial. As forças britânicas deixaram um cadáver vestido como oficial dos Fuzileiros Reais na costa da Espanha, com cartas que conseguiram enganar os alemães a respeito do local onde os aliados planejavam invadir a Europa. O codinome dado ao cadáver foi William Martin; e na introdução a uma nova edição de um relato da operação, *O homem que nunca existiu*, de Edward Montagu, John Julius Norwich sugere que o homem morto, cuja identidade permanece secreta até hoje, era um tal de John McFarlane, um nome que parece escocês.[1] No filme baseado

---

1 Montagu, *The Man Who Never Was*, p.ix.

no livro de Montagu também há uma ou duas alusões ao fato de que o corpo anônimo é de um escocês, possivelmente das ilhas Hébridas. Existe uma referência às Hébridas em *Pincher Martin*, que pode ser apenas uma alusão à casa de Martin. Na Operação Carne Moída, um homem morto salvou milhares de vidas, já que os alemães, ludibriados, desviaram suas tropas do verdadeiro local de desembarque dos Aliados. No romance de Golding, um homem morto acredita que ele próprio é salvo. Mas, para começo de conversa, ele nunca esteve realmente vivo. Pincher Martin é o homem que nunca existiu.

Diversos romances de Golding se preocupam com o que é conhecido tradicionalmente como pecado original. *O senhor das moscas*, por exemplo, é uma história extremamente tendenciosa sobre a "maldade do coração humano". Os esforços dos alunos para construir uma ordem civilizada são comprometidos inevitavelmente pela violência e pelo sectarismo. Chamo a história de "extremamente tendenciosa" porque é fácil demonstrar que a civilização só é superficial se as pessoas que você mostra tentando construí-la são, antes de mais nada, apenas em parte animais civilizados (isto é, crianças). É tão fácil como demonstrar, à moda do romance de George Orwell *A fazenda dos animais*, que os seres humanos não conseguem gerir seus próprios assuntos retratando-os como animais de fazenda. Em ambos os casos, a forma da fábula determina o resultado moral.

Outro romance de Golding, *Os herdeiros*, na verdade destaca o momento da própria Queda, quando uma tribo "não caída" de antigos hominídeos encontra outra cultura mais perigosa e destrutiva. Essa segunda tribo, em razão da sua maior aptidão para a linguagem, fez a transição decisiva para a abstração conceitual e a tecnologia. E isso significa desenvolver armas mais mortíferas. É como se essa comunidade mais evoluída tivesse cortado os vínculos com a natureza e penetrado na precariedade da história propriamente dita, com todos os seus ganhos e perdas indefinidos. Desse modo, a Queda é descrita, com impecável precisão teológica, como uma queda para cima e não

Sobre o mal

para baixo. É uma *felix culpa*, ou falha afortunada, pela qual os seres humanos passam para cima, do mundo natural e da inocência dos animais para uma história hilariante e repulsivamente instável. Trata--se, para adotar o título de outro romance de Golding, de uma Queda livre – uma queda ligada à liberdade fatal e de duplo sentido que a consciência linguística avançada traz em sua esteira.

Em queda livre é o título da investigação mais sutil do pecado original feita por Golding, uma condição que não tem nada a ver com répteis pegajosos e fruto proibido. "Original", nesse caso, significa "na origem", não "no princípio". O romance observa que estar "caído" tem a ver com a miséria e a exploração que a liberdade humana inevitavelmente traz em sua esteira. Ele reside no fato de que somos animais contraditórios por natureza, já que as nossas forças criativas e destrutivas brotam, em grande parte, da mesma fonte. O filósofo Hegel considerava que o mal florescia quanto mais a liberdade individual florescia. Uma criatura dotada de linguagem pode se desenvolver muito além do âmbito limitado das criaturas não linguísticas. Ela adquire poderes divinos de criação. Porém, a exemplo da maioria das fontes poderosas de criação, essas aptidões também são extremamente perigosas. Um animal como esse está sempre correndo o risco de se desenvolver depressa demais, superando a si mesmo e reduzindo-se a nada. Existe algo de potencialmente autofrustrante ou autodestruidor na humanidade. E é isso que o mito bíblico da Queda tenta formular quando Adão e Eva usam sua capacidade criativa para se destruírem. O homem é um homem faustiano, com uma ambição insaciável demais para o seu próprio bem-estar, permanentemente forçado para além de seus próprios limites pela sedução do infinito. Essa criatura ignora todas as coisas finitas em seu caso de amor desmesurado com o ilimitável. E já que o infinito é uma espécie de nada, o desejo por esse nada é uma expressão daquilo que será considerado mais tarde como a pulsão de morte freudiana.

A fantasia faustiana, portanto, revela uma aversão puritana pelo carnal. Para alcançar o infinito (um projeto conhecido, entre outras

34

coisas, como o Sonho Americano), precisaríamos pular para fora dos nossos corpos extremamente debilitados. O que diferencia o capitalismo de outras formas históricas de vida é que ele se insere diretamente na natureza instável e contraditória da espécie humana. O infinito – a eterna busca do lucro, a marcha incessante do progresso tecnológico, a expansão contínua do poder do capital – corre sempre o risco de esmagar e ultrapassar o finito. O valor de troca, que, como reconheceu Aristóteles, é potencialmente ilimitado, prevalece sobre o valor de uso. O capitalismo é um sistema que precisa estar em eterno movimento simplesmente para permanecer no lugar. A transgressão constante faz parte da sua essência. Nenhum outro sistema histórico revela com tamanha nitidez o modo pelo qual recursos humanos potencialmente benéficos são desvirtuados tão facilmente, transformando-se em fins perniciosos. O capitalismo não é a causa do nosso estado "caído", como o tipo mais ingênuo de esquerdista tende a imaginar. Mas de todos os regimes humanos, é aquele que mais exacerba as contradições embutidas num animal linguístico.

Tomás de Aquino ensinou que o raciocínio está intimamente ligado ao corpo. *Grosso modo*, pensamos como pensamos por causa do tipo de animal que somos. É próprio do raciocínio, por exemplo, ocorrer sempre dentro de uma situação específica. Nós pensamos a partir de uma perspectiva particular acerca do mundo. Isso não é um obstáculo para compreender a verdade. Pelo contrário, é a única maneira de compreendê-la. As únicas verdades que podemos alcançar são aquelas apropriadas a seres finitos como nós. E essas não são verdades nem de anjos nem de tamanduás. Os intransigentes, porém, se recusam a aceitar essas restrições capacitantes. Para eles, só as verdades que são livres de qualquer perspectiva podem ser autênticas. O único ponto de vista válido é o ponto de vista do olhar divino. Mas este é um ponto de vista a partir do qual nós, humanos, não veríamos absolutamente nada. Para nós, o conhecimento absoluto seria a cegueira completa. Aqueles que tentam deixar de lado a sua condição finita para ver mais claramente acabam não vendo

Sobre o mal

absolutamente nada. Aqueles que aspiram ser deuses, como Adão e Eva, destroem a si mesmos e acabam inferiores aos animais, que não são tão incomodados pela culpa sexual a ponto de precisarem de uma folha de figueira. Ainda assim, essa aberração é um elemento essencial da nossa natureza. É uma possibilidade permanente para animais racionais como nós. Não podemos pensar sem abstração, o que implica ir além do imediato. Quando conceitos abstratos nos permitem reduzir a cinzas cidades inteiras, sabemos que fomos longe demais. Uma eterna possibilidade de dar errado está embutida em nossa capacidade de compreender. Sem essa possibilidade, a razão não poderia funcionar.

Existe outro sentido segundo o qual a liberdade e a destrutividade estão ligadas. Na teia complexa dos destinos humanos, onde tantas vidas estão inextricavelmente enredadas, os atos livremente escolhidos de um indivíduo podem provocar efeitos totalmente imprevisíveis na vida de inúmeras pessoas anônimas. Eles também podem voltar em forma alienígena para nos incomodar. Atos que nós e outras pessoas fizemos livremente no passado podem se fundir num processo obscuro que aparece sem uma autoria, confrontando-nos no presente com toda a força obstinada do destino. Nesse sentido, nós somos as criaturas de nossas próprias ações. Desse modo, existe uma certa autoalienação inescapável embutida em nossa condição. "A liberdade", observa Adrian Leverkühn no romance *Doutor Fausto*, de Thomas Mann, "sempre se curva às inversões dialéticas." É por isso que o pecado original tem a ver, tradicionalmente, com um ato de liberdade (comer uma maçã), embora seja, ao mesmo tempo, uma condição que não escolhemos e que não é culpa de ninguém. É "pecado" porque envolve culpa e ofensa, mas não é "pecado" no sentido de prática dolosa. Como o desejo para Freud, ele é menos um ato consciente que um ambiente comunitário no qual nascemos.

A interconexão das nossas vidas é a fonte da nossa solidariedade. Mas ela também está na origem dos males que causamos uns aos outros. Como escreve o filósofo Emmanuel Levinas, é como "se a perseguição pelo Outro estivesse na base da solidariedade com o Outro".[2] Numa passagem pungente do romance *Ulisses*, de James Joyce, o resignado herói judeu Leopold Bloom defende que o amor é o contrário do ódio. Seria agradável se fosse verdade. Mas Freud nos deu bons motivos para considerar que o amor está profundamente ligado ao ressentimento e à agressão. Pode não ser verdade, como Oscar Wilde afirmou, que todos os homens matam a coisa amada, mas certamente é verdade que tendemos a nos sentir profundamente ambivalentes a esse respeito. Dado que o amor é um processo trabalhoso que exige um grave risco da nossa parte, isso não é de estranhar. O romancista Thomas Hardy sabia que por meio de uma série de decisões, tanto as arbitrárias como as que levam em conta os outros, podemos acabar nos colocando em situações de impasse onde não podemos nos mover nem um centímetro em qualquer direção sem infligir graves danos àqueles que nos rodeiam.

"Parece que as pessoas não conseguem se mover sem se matar", observa Sammy Mountjoy em *A queda livre*, de Golding. É apenas um pequeno passo entre isso e a sensação de que somos culpados pelo simples fato de existir. É essa sensação que a doutrina do pecado original supostamente registra. "A culpa se reproduz em cada um de nós", escreve Theodor Adorno. "Se nós... soubéssemos a cada momento o que aconteceu e a que concatenações devemos nossa própria existência, e como a nossa existência está entrelaçada com a desgraça, mesmo se não fizemos nada de errado... se alguém tivesse plena consciência de todas as coisas a cada momento, seria realmente incapaz de viver."[3] Como observa Adorno, estar implicado numa desgraça sem ter feito nada de errado é a própria essência do pecado original. Ele está intimamente relacionado ao que a arte trágica considera tradicionalmente como a figura "inocente culpada" do bode

---

2 Levinas, *Otherwise than Being*, p.192.

3 Adorno, *Negative Dialectics*, p.156.

Sobre o mal

expiatório, que assume a responsabilidade pelos delitos dos outros justamente porque ele mesmo é inocente.

É isso que é tão absurdo na doutrina católica romana da imaculada concepção, segundo a qual Maria, a mãe de Jesus, foi concebida sem o pecado original. Ela considera o pecado original como uma espécie de mácula genética que você pode por sorte ter nascido sem, um pouco como você poderia ter tido a infelicidade de nascer sem fígado. No entanto, o pecado original não tem a ver com o fato de nascer puro ou pecaminoso. Antes de mais nada, tem a ver com o fato de ter nascido. O nascimento é o momento em que, sem que ninguém tivesse tido a decência de nos consultar sobre o assunto, entramos numa rede preexistente de necessidades, interesses e desejos – uma confusão inextricável com a qual o simples fato irracional da nossa existência irá contribuir, e que irá moldar a nossa identidade até a medula. É por isso que, na maioria das igrejas cristãs, os bebês são batizados logo após o nascimento, muito antes de entenderem o que é pecado ou, na verdade, qualquer outra coisa. Eles já reorganizaram drasticamente o universo sem o saber. Se a teoria psicanalítica merece crédito, eles já estão marcados com uma rede invisível de impulsos que liga seus corpos aos corpos dos outros, e que se revelará uma fonte permanente de aflição para eles.

O pecado original não é uma herança dos nossos primeiros pais, mas dos nossos pais, os quais, por sua vez, o herdaram dos seus próprios pais. O passado é a matéria de que somos feitos. Hordas de ancestrais fantasmagóricos espreitam dentro dos nossos gestos mais casuais, pré-programando nossos desejos e tornando nossos movimentos vexatórios e erráticos. Como o nosso primeiro e mais apaixonado caso de amor ocorre quando somos bebês impotentes, ele vem acompanhado de frustração e de uma carência insaciável. E isso significa que o nosso amor sempre será imperfeito. Como acontece no caso do pecado original, essa condição permanece no centro do eu, embora não seja responsabilidade de ninguém. O amor tanto é aquilo de que precisamos para viver como é aquilo para o qual nascemos

Ficções a respeito do Mal

para fracassar. Nossa única esperança é aprender a fracassar melhor. O que, naturalmente, pode se mostrar insuficiente.

Portanto, Jean-Jacques Rousseau estava equivocado em acreditar que os seres humanos nascem livres. Mas isso também não quer dizer que eles nascem pecadores. Nenhuma criatura desprovida de linguagem, que é o que "infante" significa, poderia ser isso. Como escreve o teólogo Herbert McCabe, "Todo mundo é concebido de forma imaculada".[4] Mesmo assim, é verdade que os dados morais raramente são viciados em nosso favor. Os bebês são inocentes (literalmente, inofensivos) como as tartarugas, não como os adultos que se recusam a disparar uma metralhadora contra a população. Sua inocência não lhes concede nenhum mérito particular. Nascemos egocêntricos como resultado da nossa estrutura biológica. O egoísmo é uma condição natural, ao passo que a bondade envolve um conjunto de habilidades práticas complexas que temos de aprender. Ao nascer, os homens e as mulheres são forçados a uma profunda dependência mútua – uma verdade que escandalizava Rousseau, que, do seu jeito pequeno-burguês, valorizava excessivamente a autonomia humana. Entretanto, o pecado original significa que uma autonomia total como essa é um mito. Por isso, ele é um tipo radical de ideia. Ele questiona a doutrina individualista de que somos os únicos senhores das nossas próprias ações. Entre outras coisas, é um argumento contra a pena capital. Não se trata de negar a responsabilidade, simplesmente de sustentar que as nossas ações não são mais intransferíveis que a nossa propriedade. Quem pode dizer ao certo, no grande emaranhado das ações e reações humanas, quem realmente tem o controle de uma ação específica? Quem exatamente é responsável por matar o virtuoso Simon em *O senhor das moscas*? Nem sempre é fácil dizer onde termina a minha responsabilidade (ou mesmo os meus interesses, os meus desejos ou a minha identidade) e começa a sua. Não é

---

4 McCabe, *Faith within Reason*, p.160.

Sobre o mal

compreensível perguntar "Quem está agindo neste momento?", nem mesmo "Quem está desejando neste momento?" A ideia de pecado original certamente não se reduz a isso. Também é preciso levar em conta, como escrevi em outro lugar, "a perversidade do desejo humano, a predominância da ilusão e da idolatria, o escândalo do sofrimento, a persistência insensível da opressão e da injustiça, a falta de virtude pública, a insolência do poder, a fragilidade da bondade e o poder formidável da concupiscência e do egoísmo".[5] Nada disso significa que somos incapazes de transformar nossa atual condição. Isso significa, mais propriamente, que não o faremos sem reconhecer, racionalmente, nossa história deprimente. Não é uma história que descarta a possibilidade, por exemplo, do socialismo ou do feminismo. Mas ela descarta, sim, a possibilidade da utopia. Existem algumas características negativas da espécie humana que não podem ser muito alteradas. Enquanto houver amor e morte, por exemplo, a tragédia de chorar pelos entes queridos que se foram não vai ter fim. É quase certo que não podemos eliminar completamente a violência sem destruir também algumas habilidades que valorizamos. Contudo, embora esteja além das nossas forças abolir a morte e o sofrimento, o mesmo não se aplica à injustiça social.

Além disso, o fato de não poder mudar algumas coisas está longe de ser algo ruim. Só uma ordem social que faz do novo um fetiche provavelmente irá negar isso. Essa forma de pensar é um dos muitos equívocos do pós-modernismo. Não podemos alterar o fato de que os bebês precisam ser alimentados, mas isso não é motivo para rangermos os dentes. Nem toda continuidade é uma afronta à esquerda política. A continuidade é um elemento pelo menos tão significativo na história quanto a mudança, e muitas continuidades devem ser apoiadas. Parece uma característica permanente das culturas humanas que um grande número de pessoas não seja regularmente massacrado simplesmente porque é lua cheia, mas nem mesmo os

---

5 Eagleton, *Jesus Christ: The Gospels*.

40

pós-modernistas devem se sentir deprimidos e tristes por causa disso. A estabilidade não é mais valiosa ou inútil em si mesma do que a mudança. A suposição de que a mudança é radical enquanto a continuidade é conservadora é uma ilusão. Richard J. Bernstein diz que devemos resistir à tentação de considerar o mal como "uma característica ontológica permanente da condição humana",[6] já que isso significa admitir que não podemos fazer nada em relação a ele. Só nos resta viver com ele. No entanto, o fato de algo ser um traço permanente da condição humana não significa que não há nada a fazer. Embora a doença seja um exemplo de característica permanente, isso não convence os médicos, num surto de fatalismo, a desistir de curar os enfermos. É provável que as pessoas sempre irão se envolver em conflitos sangrentos, mas isso não significa que não devemos tentar resolver essas disputas. O desejo de justiça bem pode ser uma característica imutável da condição humana. Certamente os documentos históricos indicariam isso. Características ontológicas permanentes nem sempre devem ser deploradas; acreditar que elas devam ser é uma postura dogmática, contrária, portanto, ao espírito de transformação.

Um dogma pós-moderno igualmente obtuso defende que a diferença e a diversidade devem ser sempre elogiadas. Não há dúvida de que isso muitas vezes se justifica. Contudo, a verdade nua e crua é que, se a raça humana fosse composta quase inteiramente de latino-americanos homossexuais, com apenas alguns pervertidos heterossexuais espalhados por aí para manter a espécie funcionando, uma boa dose de desordem e de massacres certamente teria sido evitada. Não há dúvida de que os latino-americanos homossexuais há muito teriam se dividido em milhares de seitas rivais, cada uma delas armada até os dentes e se diferenciando de seus semelhantes por nuances mínimas de estilo de vida. Mas esse sectarismo nada seria diante do que tende a acontecer quando um grupo de humanos

---

6 Bernstein, *Radical Evil*, p.229.

Sobre o mal

encontra outro grupo com marcas ostensivamente diferentes. É claro que essas desavenças têm uma forma basicamente política. Porém, é improvável que elas sejam resolvidas, a menos que reconheçamos nossa tendência intrínseca de sentir medo, insegurança e hostilidade na presença de possíveis predadores, uma tendência que, certamente, tem funções evolutivas extremamente úteis.

Retomemos, porém, a ideia de pecado original. Sammy Mountjoy, o herói de *Em queda livre*, de Golding, se propõe a esclarecer o texto impenetravelmente intrincado da sua própria existência, procurando identificar o momento em que perdeu a liberdade. (Mountjoy é o nome de uma prisão de Dublin.) Ele está decidido a traçar o que chama de "a terrível linha de descendência" por meio da qual a culpa é transmitida como um vírus extremamente contagioso de um ser humano para outro. "Não somos nem os inocentes nem os perversos", Sammy reflete. "Somos os culpados. Nós caímos. Nós rastejamos sobre as mãos e os joelhos. Nós choramos e ferimos uns aos outros." Mas a Queda nunca foi apenas um momento, e ela nunca está somente no passado. Sammy destruiu sua namorada Beatrice, e agora ele está tateando "neste oceano de causa e efeito que é Beatrice e eu". Mas ele também foi dilacerado, quando criança, por uma professora primária frustrada que estava apaixonada pelo padre pedófilo que o adotou. E assim a rede intrincada de maus-tratos e culpa, ação e reação, se ramifica continuamente. Esse estado de solidariedade negativa, como se poderia chamá-lo, lança para sempre uma sombra em todas as direções.

No romance de Golding, só um gesto de perdão pode romper essa linhagem hereditária perniciosa, cortando o nó e rompendo o circuito mortal de causa e efeito. Sammy retorna, então, à casa de infância para perdoar sua professora primária, mas descobre que ela reprimiu o tratamento sádico que dispensou a ele e se refugiou na inocência. O narrador observa que os inocentes não podem perdoar porque não sabem que foram ofendidos. Consequentemente, Mountjoy continua carregando a sua culpa. No fim, sua professora sádica prevalece. Beatrice

Ficções a respeito do Mal

também enlouqueceu e não pode ser responsabilizada moralmente. O que irá romper essa linhagem hereditária letal não é o perdão de Sammy, mas o fato de ele ser perdoado. É quando ele é alvo de misericórdia num campo de prisioneiros de guerra nazista, libertado de um armário onde está morrendo de medo, que o romance pode terminar.

Se *Pincher Martin* é uma fábula do purgatório, *O terceiro tira*, de Flann O'Brien, é uma alegoria do inferno. Nesse romance irlandês maravilhosamente fantástico e perverso, não é o protagonista que morre nas páginas iniciais, mas o próprio narrador. Ele partiu com um cúmplice para roubar do velho fazendeiro Mathers a caixa com dinheiro que mantém escondida debaixo das tábuas do assoalho da sala de estar; mas, quando enfia o braço debaixo das tábuas para tentar alcançar a caixa, é tomado por uma sensação curiosa:

> Não posso esperar descrever o que foi, mas aquilo me assustou muitíssimo muito antes que eu tivesse entendido minimamente o que era. Foi uma mudança que tomou conta de mim ou da sala, indescritivelmente sutil, embora significativa e inefável. Foi como se a luz do dia tivesse se transformado com uma rapidez extraordinária, como se a temperatura da tarde tivesse se alterado muito num instante ou como se o ar tivesse se tornado duplamente rarefeito ou denso tal qual teria sido num piscar de olhos; talvez todas essas coisas, além de outras, tenham acontecido simultaneamente, pois todos os meus sentidos ficaram desnorteados ao mesmo tempo, e não puderam me dar nenhuma explicação. Os dedos da minha mão direita, enfiados na abertura no chão, tinham se fechado automaticamente sem encontrar absolutamente nada e retornaram vazios. A caixa tinha sumido!

Ouvindo uma leve tosse atrás de si, o narrador se volta e encontra o fazendeiro cuja cabeça ele tinha acabado de esmagar com uma pá a mirá-lo silenciosamente da cadeira no canto. O leitor descobre mais tarde que o cúmplice do narrador já havia removido a caixa com

43

Sobre o mal

dinheiro, substituindo-a por uma bomba a fim de ficar com o conteúdo para si. A bomba explodiu, e o narrador tem razão de sentir que uma transformação importante tomou conta dele, porque ele acabou de ser feito em pedaços.

Ao tatear em busca da caixa com dinheiro, o narrador de O'Brien não encontra "absolutamente nada"; e durante a conversa que se segue com o fazendeiro morto-porém-vivo, ele percebe gradualmente que toda resposta que o velho lhe dá é expressa no negativo. "Muito se pode dizer a respeito do Não como um princípio geral", observa Mathers, possivelmente repetindo o comentário do romancista irlandês Laurence Sterne, em *Tristam Shandy*, de que se devia respeitar o nada, considerando as coisas piores que existem no mundo. Na mesma linha, o maior filósofo irlandês, George Berkeley, declarou que algo e nada estão intimamente unidos. "Doravante", Mathers comunica ao narrador, "resolvi dizer Não a qualquer sugestão, solicitação ou investigação, seja ela interna ou externa... Recusei mais solicitações e refutei mais afirmações que qualquer homem vivo ou morto. Rejeitei, recusei, discordei, repeli e deneguei numa escala inacreditável."

O mundo de *O terceiro tira* é um mundo de impossibilidades surreais. Bicicletas e ciclistas, por exemplo, passam a misturar seus átomos por meio de um processo sutil de osmose e assumem, furtivamente, as características uns dos outros. Homens podem ser encontrados se apoiando despreocupadamente em lareiras, como se estivessem apoiados em seus guidões. Uma bicicleta ofensiva tem de ser enforcada, uma operação que envolve a construção de um caixão em forma de bicicleta. O romance está cheio de paradoxos e enigmas metafísicos, vários deles girando em torno de ideias a respeito do nada, do vazio e do infinito. Depois de morrer, o próprio narrador fica sem nome (embora, para começo de conversa, nunca soubéssemos o seu nome). Por alguma razão misteriosa, a falta de nome o impede de ter um relógio. Existem algumas alusões, que zombam da erudição, a um certo estudioso francês, de Selby, que acredita que a escuridão

44

Ficções a respeito do Mal

da noite é composta de uma substância negra palpável, uma matéria escura que ele procura engarrafar. O sono, para ele, é uma sucessão de desmaios provocados por semiasfixia devida a essa "mancha na atmosfera" nociva. Na opinião de de Selby, o nada se torna algo. É como se ele não conseguisse suportar a ideia de ausência absoluta.

Existem outras imagens semelhantes às de Escher de aberrações e nulidades – uma sala numa delegacia de polícia sem qualquer formato, outra delegacia de polícia enfiada na parede de uma casa, um grupo de objetos sem dimensões e de cor indefinida. O policial McCruiskeen molda uma série de caixinhas, algumas tão minúsculas que chegam a ser invisíveis. As ferramentas com as quais ele as fabrica também são minúsculas demais para serem perceptíveis. "A que eu estou fazendo agora", ele comunica ao narrador, "é quase tão pequena como o nada. A [Caixa] Número Um conteria um milhão delas ao mesmo tempo e ainda sobraria espaço para um par de calças de equitação femininas se elas estivessem enroladas. O bem-amado sabe onde parar e concluir." Ao que o narrador responde cortesmente, embora com um toque prosaico: "Esse trabalho deve forçar muito a vista".

McCruiskeen também consegue furar a mão do narrador com uma lança que, aparentemente, não encosta nela. Isso porque a ponta da lança não é a ponta verdadeira, simplesmente o pedaço da ponta que é visível ao olho humano. "O que você pensa que é a ponta", explica McCruiskeen, "não é, de modo algum, a ponta, mas apenas o começo do gume... A ponta tem sete polegadas de comprimento e é tão afiada e fina que você não consegue vê-la com a vista cansada. A primeira metade do gume é grossa e sólida, mas você também não consegue vê-la porque o verdadeiro gume está dentro dela, e se você visse aquela, poderia ver a outra ou, talvez, poderia perceber o lugar da solda." Ele observa que a ponta verdadeira é "tão fina que poderia penetrar na sua mão e sair do outro lado sem que você sentisse nada, além de não ver nem ouvir nada. Ela é tão fina que talvez nem exista, e você poderia passar meia hora tentando pensar nela

45

Sobre o mal

e não chegar a nenhuma conclusão." A simples tentativa de imaginar o quão afiada é a ponta verdadeira, adverte o policial de inclinação metafísica, fará com que você "danifique a sua caixa [cérebro] em razão da dor provocada por ela". A cena confirma o argumento do filósofo irlandês Edmund Burke de que o sublime – aquilo que derrota o pensamento ou a representação – pode ser muito pequeno assim como extremamente grande. As lanças e as caixas minúsculas de McCruiskeen passam através da rede da linguagem, exatamente como dizem que o Todo-poderoso faz.

Seria de se esperar que uma cultura profundamente religiosa como a da Irlanda de O'Brien tivesse um certo interesse no vazio. Afinal de contas, Deus é descrito pelo maior de todos os pensadores irlandeses da Idade Média, João Escoto Erígena, como o vácuo absoluto. Erígena, que não era provavelmente o mais carismático professor do mundo (dizem que seus alunos o perfuraram até a morte com suas canetas), gosta tanto de negar e refutar como o velho Mathers.[7] Para ele, Deus só pode ser definido em termos daquilo que ele não é. Mesmo chamá-lo de bom, ou sábio, ou todo-poderoso significa traduzi-lo em nossos próprios termos e, portanto, falsificá-lo. Erígena, como Tomás de Aquino, teria concordado sinceramente com os ateus, os quais alegam que, quando as pessoas discutem Deus, elas não têm a menor ideia do que estão falando. Ele foi influenciado, nessa visão, pelo antigo filósofo Pseudo-Dionísio, cujo discurso sobre Deus em *Dos nomes divinos* é um discurso de inabalável negação: "Ele não foi. Ele não será. Ele não veio a ser. Ele não está em vias de se tornar. Ele não virá a ser. Não. Ele não é".[8] Só o finito pode ser definido; e já que, para Erígena, a subjetividade humana é infinita, como uma parte do abismo insondável da divindade, então o humano escapa a qualquer definição.

Se Deus é não ser, então, em essência, suas criaturas também são. Pertencer a ele é compartilhar a sua nulidade. Existe um nada no

---

7 Ver Moran, *The Philosophy of John Scottus Eriugena*.
8 Pseudo-Dionysus, *The Complete Works*, op.98.

46

núcleo do eu que faz dele o que ele é. Para Erígena, os seres humanos são inescrutáveis para si mesmos. Eles nunca conseguem compreender inteiramente sua própria natureza, porque não existe nada estável ou suficientemente definido a respeito deles que possa ser conhecido com segurança. Por isso, eles são tão indefiníveis como o inconsciente freudiano. Só alcançamos o autoconhecimento perfeito, observa Erígena, quando não sabemos quem somos.

A liberdade perfeita de Deus está na origem da liberdade humana. Na opinião de Erígena, assim como Deus é infinito, nós também somos. Por sermos parte dele, partilhamos da sua infinita liberdade. Paradoxalmente, é por sermos dependentes do Criador que nos tornamos livres e autônomos – como se, por depender de um genitor confiável, podemos finalmente assumir nossa própria individualidade. Erígena é um tipo de anarquista espiritual. Como Deus, os seres humanos têm, na visão dele, suas próprias leis. Eles são seu próprio fundamento, sua própria causa, seu próprio fim e origem, assim como seu Criador é. E eles são assim porque são sua criação, feitos a sua imagem e semelhança.

Num movimento ousado, Erígena atribui à mente humana um *status* particularmente mais elevado que o habitual no pensamento medieval. O animal humano tem um poder divino de criar e destruir. Para esse filósofo medieval, como para o poeta William Blake, ver as coisas materiais com uma clareza visionária é compreender que as suas raízes se estendem ao infinito. Como observa Blake, a eternidade está apaixonada pelos frutos do tempo. Por outro lado, para o mal, as coisas finitas são um obstáculo à infinitude da vontade ou do desejo, e, portanto, devem ser eliminadas. Para o mal-intencionado, a criação é uma mancha ou um defeito na pureza do infinito. O filósofo alemão Schelling considerava o mal muito mais espiritual que o bem. Para ele, o mal representava um ódio frio e inútil da realidade material. Como veremos posteriormente, os nazistas também tinham mais ou menos a mesma opinião.

Erígena considerava que o mundo era um tipo de dança exuberante, sem objetivo nem sentido. Não seria uma descrição imperfeita

Sobre o mal

dos romances do seu futuro compatriota James Joyce. O cosmo tem algo do caráter circular, espiralado e egocêntrico da arte celta tradicional. A exemplo dessa arte, ele existe unicamente para o seu autodeleite, não para realizar um objetivo prodigioso. E este é o sinal mais indiscutível de que ele brota de Deus, que também não tem objetivo nem sentido. Como a ficção de Joyce, o mundo não está destinado a chegar a nenhum lugar específico. Para Erígena, como para parte da física moderna, a natureza é um processo dinâmico que varia de acordo com o ponto de vista mutável do observador. É uma infinidade de perspectivas parciais, um passatempo infindável com diversos pontos de vista. Cinco séculos mais tarde, vemos traços dessa visão no pensamento do filósofo dublinense bispo Berkeley. Filósofos como Friedrich Nietzsche ou Jacques Derrida não teriam muito a ensinar a esse audacioso irlandês da Idade Média. Por defender esses pontos de vista, Erígena teve a honra de ser condenado por heresia. A liberdade infinita do indivíduo não era exatamente algo sobre o qual o papado do século XIII queria ouvir.

Não causa nenhuma surpresa, portanto, que *O terceiro tira* seja fascinado por turbilhões de átomos e círculos em espiral. O sargento observa que "cada coisa é composta de pequenas partículas de si mesma e elas esvoaçam em círculos concêntricos, arcos, segmentos e inúmeras outras formas geométricas, numerosas demais para serem mencionadas em conjunto, sem jamais ficarem paradas ou fazerem uma pausa, mas girando e se movendo bruscamente de lá para cá sem parar, o tempo todo em movimento. Esses minúsculos cavalheiros se chamam átomos". Não está distante da visão de Erígena sobre o cosmo. O mundo é composto principalmente de nada. Nesse sentido, é difícil dizer se ele se parece mais com o Céu ou com o inferno. As coisas se movem bruscamente de lá para cá sem parar, sem nunca chegar a lugar nenhum, como faz o próprio *O terceiro tira*. No final da história, o narrador regressa à delegacia de polícia que ele deixara mais cedo, descrevendo o lugar com as mesmíssimas palavras que foram utilizadas quando o encontrou pela primeira vez. Essa passagem tétrica evoca o final de *Pincher Martin*, quando o rochedo, o céu e o oceano do mundo extremamente estável de Martin se revelam um monte de papel pintado:

> Havia uma curva na estrada, e quando eu passei por ela um espetáculo extraordinário se apresentou diante de mim. A cerca de cem metros de distância havia uma casa que me deixou atônito. Parecia que ela tinha sido pintada como uma propaganda numa placa à beira da estrada, e, na verdade, muito mal pintada. Ela parecia totalmente artificial e inverossímil. Não parecia ter profundidade nem largura e parecia incapaz de enganar uma criança. Aquilo não era suficiente, por si só, para me surpreender, porque eu já tinha visto desenhos e mensagens à beira da estrada antes. O que me deixou desnorteado foi a certeza, profundamente arraigada em minha mente, de que aquela era a casa que eu estava procurando e que havia gente dentro dela. Eu nunca tinha me visto, em toda a minha vida, diante de algo tão estranho e aterrador, e meu olhar se moveu inseguro ao redor daquilo sem compreender, como se uma das dimensões habituais estivesse faltando, deixando o restante sem significado. A aparência da casa foi a maior surpresa que eu já tivera, e eu fiquei com medo dela.

Algumas das principais características do mal estão reunidas aqui: sua estranheza, sua irrealidade aterradora, sua natureza surpreendentemente superficial, sua investida contra o significado, o fato de lhe faltar uma dimensão essencial, o modo como ele fica preso dentro da monotonia paralisante de uma eterna repetição. O narrador de O'Brien está no inferno, e precisa sempre se arrastar penosamente de volta para o começo do livro assim que chega cambaleante ao fim. Os condenados são aqueles que estão mortos, mas não se deitam. Nessa medida, eles têm uma estranha semelhança com o Jesus que supostamente redimiu o mundo.

Para Erígena, o tempo é algo que circula em torno de si mesmo, não uma sucessão interminável. A mesma visão tem James Joyce em *Finnegans Wake*, ou W. B. Yeats em suas mitologias. O mais célebre drama irlandês, *Esperando Godot*, foi descrito outrora como uma peça na qual "nada acontece – duas vezes". A noção do tempo como algo cíclico é comum na cultura irlandesa. Mas o que esses escritores consideram uma espécie de exuberância cósmica, quando o mundo se curva alegremente sobre si mesmo de novo em vez de se arrastar obstinadamente para frente, acaba sendo, em *O terceiro tira*, o destino mais terrível de todos. Considerar que o tempo faz espirais sobre si mesmo, em certo sentido, faz parte de uma ideia de virtude. É resistir à ideia mecânica para a qual toda ação só existe por causa de outra ação. Essa é a vida sombria dos homens e mulheres angustiados que, na frase de D. H. Lawrence, são "incapazes de viver no lugar em que se encontram" – banqueiros, executivos e políticos, além de outras pessoas mortalmente ameaçadas dessa maneira. Mas o tempo cíclico também faz parte de uma visão do mal – de um mundo em que os condenados são aqueles que perderam a capacidade de morrer, e, sendo incapazes de chegar a um fim, estão condenados à eterna repetição. Slavoj Žižek ressalta que a imortalidade costuma estar associada à bondade, mas que o contrário é que é verdade. A imortalidade primordial é a do mal: "O mal é algo que sempre ameaça voltar, uma dimensão fantasmagórica que sobrevive por encanto à sua destruição física e continua a nos assombrar".[9] O mal tem uma espécie de "infinitude obscena" – uma recusa de aceitar a nossa mortalidade como seres naturais e materiais. Muitos homens e mulheres esperam viver eternamente; os condenados são aqueles para os quais esse sonho sedutor se tornou cruelmente real.

Numa mistura ousada de estilos literários, o romance *A inocência e o pecado*, de Graham Greene, situa uma imagem do mal absoluto no contexto da pensão barata Brighton. O romance é um misto de história de suspense do submundo do crime e reflexão metafísica, uma aventura

---

9 Žižek, *Violence: Six Sideways Reflections*, p.56.

Ficções a respeito do Mal

arriscada de sucesso relativo. Não é fácil retratar um personagem que parece viver tanto no inferno como nos condados ao redor de Londres.

Devemos considerar o bandido pé-de-chinelo Pinkie um ser demoníaco por ser inimigo da vida humana, ou ele é apenas mais um adolescente alienado? A própria resposta do romance é clara: no que diz respeito a Greene, esse marginal de dezessete anos está condenado desde o princípio. Se ele mora fisicamente num mundo decadente composto de prostitutas, criminosos e diversões baratas à beira-mar, seu domicílio espiritual fica na eternidade; e os dois mundos nunca se cruzam. Greene nos conta, numa expressão retórica melodramática, que "os olhos acinzentados de Pinkie tinham sido afetados pela eternidade destruidora da qual ele tinha vindo e para a qual ele foi". Os maus não estão realmente ali, eles têm dificuldade de estar presentes. Hannah Arendt menciona o "distanciamento da realidade" do carrasco de Hitler, Adolph Eichmann.[10] Quando Pinkie morre, "foi como se ele tivesse sido removido subitamente por uma mão de qualquer existência – passada ou presente, escorraçado para a nulidade – para o nada". Ele se lança de um penhasco e encontra a morte no mar, mas ninguém ouve o som do impacto, pois não existe nada suficientemente sólido capaz de provocá-lo. Sua morte não chama muito a atenção.

Assim como Pincher Martin está literalmente morto, Pinkie está espiritualmente morto. Ele é um ótimo exemplo do niilista nietzschiano, "que tem um desejo pelo nada, uma aversão à vida", além de exteriorizar "uma revolta contra os postulados básicos da vida".[11] Como Pincher Martin, ele revela uma incapacidade para qualquer tipo de vida que não seja a exploração dos outros em busca de seus próprios fins destrutivos. Ao contrário do adolescente marginal médio, ele está tão distante da existência sensual cotidiana como um monge cartuxo. Ele não dança, não fuma, não bebe, não joga, não graceja, não

---

10 Arendt, *Eichmann in Jerusalem*, p.288.
11 Nietzsche, *On the Genealogy of Morals and Ecce Homo*, p.163.

come chocolate nem tem amigos. Detesta a natureza, e tem uma ojeriza pudica do sexo. "Casar", diz para si mesmo, "é como manusear excrementos." Seu modo de vida é tão imaterial como o infinito. Ele não é apenas indiferente e ascético, mas violentamente contrário ao mundo material enquanto tal. E isso, como veremos, é típico do mal. É como se um pedaço do jovem tivesse sido cortado. Ele desconhece o que é empatia, e é incapaz de imaginar o que os outros sentem. Desconhece tanto a linguagem das emoções como o hindi. O comportamento dos outros lhe parece tão incompreensível como nos pareceria o comportamento de uma mosca. Ele tem mais de um traço de psicose.

O fato de esse reles marginal ter apenas dezessete anos explica sua falta de experiência. Mas o vazio espiritual dentro dele é muito mais profundo que a ignorância da juventude. Por isso, ele vem confirmar uma tese ideológica fundamental do romance: a crença de que o mal é uma condição atemporal, não uma questão de contexto social. Pinkie supostamente era tão vazio aos quatro anos de idade como é agora. É possível ter esse tipo de maldade em qualquer idade, assim como é possível ter catapora em qualquer idade. Pinkie não é mau porque mata gente; ele mata gente porque é mau. Ele supostamente nasceu maligno; mas isso não modifica sua maldade aos olhos do seu criador, como já demos a entender que deveria.

Muita coisa no romance gira em torno de ignorância, inocência e experiência, e Pinkie se inclui precisamente na primeira categoria. Ele tem uma "ignorância assustadora" ou uma "virgindade rançosa" que o leva a observar os assuntos humanos com a incompreensão pasma de um venusiano. Ele tem a pureza inútil de quem nunca viveu. Como um crítico afirmou, é a sua "incapacidade de fazer parte da própria experiência" que é tão surpreendente. Para ele, a intimidade humana lhe parecia uma violação terrível da sua natureza, um pouco como o raio negro penetrante provoca em Pincher Martin. Os dois personagens vivenciam o amor como uma exigência terrível para a qual eles sabem que são extremamente inadequados. As paixões são destruidoras: quando Pinkie sente leves prenúncios de prazer sexual com

Ficções a respeito do Mal

sua namorada Rose, "uma enorme pressão se abate sobre ele; era como algo que tentava entrar; a pressão de asas gigantescas contra a vidraça". "Ele parecia uma criança hemofílica", observa o narrador: "qualquer contato o fazia sangrar."

É importante para o romance que Pinkie seja uma pessoa religiosa, assim como Pincher Martin não é. Greene deixa claro que seu herói acredita no inferno e na condenação eterna, e (possivelmente) também no Céu, embora ele seja muito mais cético a esse respeito. De forma semelhante, o condenado Adrian Leverkühn, de Thomas Mann, que examinaremos mais adiante, decide estudar teologia na juventude. Para ser condenado, é preciso saber o que se está rejeitando, um pouco como é preciso estar em seu juízo perfeito para se casar. Mesmo Pincher Martin acaba percebendo, no fim, o que está acontecendo, como seu grito de desafio a Deus deixa claro. Se Golding não faz Martin dizer algo como "cago para o seu Céu!", ele não pode ser despachado para o inferno. Seria uma distração imperdoável do Todo-poderoso destinar algumas das suas criaturas ao sofrimento eterno sem, em primeiro lugar, tê-las alertado a respeito dessa possibilidade desagradável. Não se pode acabar no inferno por acaso, assim como não se pode aprender português por acaso.

A questão teológica que está em causa aqui é que Deus não condena ninguém ao inferno. Você chega lá ao rejeitar seu amor, se tal recusa é concebível. Ele é a consequência final e horripilante da liberdade humana. Deus não pode ser responsável por ter sido abandonado. Como diz Pinkie, "Deus não poderia escapar da boca maldosa que preferiu engolir sua própria condenação". Nesse sentido, o Criador está à mercê das suas criaturas. Entregar-se à condenação eterna é o seu triunfo final e maldoso sobre o Todo-poderoso. Trata-se, certamente, de uma espécie de vitória de Pirro, como cortar a própria cabeça para escapar da guilhotina. Mas não existe outro jeito de passar a perna em Deus. É a única maneira eficaz de deixá-lo entre a cruz e a espada.

Pregar uma peça em Deus é entrar em acordo com ele; e em *A inocência e o pecado* esta é uma das várias formas pelas quais o bem e o mal

Sobre o mal

revelam uma afinidade secreta. Outra característica que eles têm em comum é que ambos podem envolver uma falta de prática. Já vimos isso no caso de Pinkie; mas também se aplica a Rose, cuja bondade floresce em sua virginal falta de conhecimento do mundo. É significativo que nenhum personagem do romance seja virtuoso e experiente. Tanto o bem como o mal transcende a vida diária. Tanto Pinkie como Rose têm o despotismo dogmático do ingênuo, e cada um significa um tipo diferente de nulidade. Pinkie representa o vazio ou a antivida do mal, enquanto Rose é uma espécie de vácuo, porque a sua bondade floresce em sua inexperiência. Nesse sentido, os dois são aliados e adversários. "O bem e o mal viviam no mesmo país", observa o narrador, "falavam a mesma língua, se reuniam como velhos amigos." Se é verdade que Deus tem um amor especial pelo pecador, então se conclui que os condenados devem ser especialmente caros a ele. Nesse sentido, o mal é uma imagem pervertida do amor divino, como a imoralidade manifesta não é. Se não existe nenhuma santidade por aí que nos lembre de Deus, pelo menos dispomos de uma imagem negativa dele, conhecida como maldade natural absoluta.

Existe, portanto, um toque de privilégio no mal. Pinkie despreza o mundo à maneira de um aristocrata espiritual. Ele é uma espécie de niilista, e o niilista é o artista supremo. Ele é um artista porque evoca um nada tão absoluto que supera todas as outras obras da criação, com seus defeitos e imperfeições materiais. Pecar em grande estilo é se colocar acima do bom senso ou da virtude comum. Católicos relapsos ou heterodoxos como o próprio Greene podem ser pecadores, mas, pelo menos, são mais glamorosos espiritualmente que os enfadonhos bem-comportados. Para começo de conversa, ser expulso de um clube exclusivo supera não ser convidado a fazer parte dele. A pessoa má precisa conhecer a transcendência para rejeitá-la, ao passo que a meramente ética não a reconheceria se ela lhe caísse no colo.

O pacto secreto entre Pinkie, o criminoso hierático, e Rose, a virgem crédula, também se manifesta de outra maneira. Por ser absolutamente boa, Rose perdoa Pinkie, muito embora saiba que ele é um

Ficções a respeito do Mal

assassino. Os bons aceitam os maus ao aceitá-los em seu amor e misericórdia. Porém, ao assumir a responsabilidade por eles, são atraídos inexoravelmente para a sua órbita. O bode expiatório trágico é um exemplo disso. Cristo, por exemplo, pode não ter sido um pecador, mas São Paulo observa que ele foi "feito pecado" por amor da humanidade. O redentor precisa conhecer na carne o que está redimindo, em vez de se manter à distância como um monge. Caso contrário, a situação não pode ser reparada a partir do interior, que é a única forma de salvação que funciona.

Por manterem boas relações com o mal, os santos levam vantagem sobre o que se poderia chamar de classe média virtuosa. Este último grupo está representado em *A inocência e o pecado* por Ida Arnold, uma moralista intrometida que se orgulha, presunçosamente, de saber a diferença entre certo e errado. Balofa, encrenqueira, generosa e vivida, Ida representa a moralidade suburbana pela qual os metafísicos Pinkie e Rose não sentem nada além de desprezo. "Ela é uma nulidade", Pinkie fala rispidamente, acrescentando depois: "Ela não conseguiria se consumir no fogo nem se tentasse". O certo e o errado não chegam aos pés do bem e do mal. Ida é vulgar demais para o fogo do inferno. Ela é cheia de erudição banal e de clichês morais primitivos. A ética secular que ela representa é zelosa quando se trata dos deveres do cidadão, mas se confunde diante da salvação e da condenação. Ida é uma excursionista que, proveniente do país da moralidade pragmática, aterrissou num terreno absolutista. E o próprio romance, muito embora rejeite Pinkie como um ser pecaminoso, compartilha inteiramente seu desprezo por ela. As Idas Arnolds deste mundo, como os Homens Ocos de T. S. Eliot, são frívolas demais até para serem condenadas ao inferno. Quando se trata de moralidade respeitável, é difícil não perceber que o próprio Greene se coloca claramente do lado do mal, pela mais espiritualmente elitista das razões. Não é à toa que ele continuou um amigo leal do agente duplo "traidor" Kim Philby, a despeito da desaprovação do *Establishment*.

Desse modo, *A inocência e o pecado* ajuda a reforçar um mito particularmente questionável a respeito do mal – que existe uma espécie de heroísmo decadente nele, como no caso do Satanás de *Paraíso perdido*, de Milton. Melhor reinar no inferno que passar o tempo em discussões irritantes sobre o que é certo e o que é errado nos cafés ordinários de Brighton. O romance rejeita moralmente seu próprio herói. Porém, ao mesmo tempo, ele acolhe uma visão do mal que reflete a própria visão do autor. Pinkie é rejeitado pelo romance devido à incapacidade de se entregar à vida humana; mas em nenhum lugar do romance a vida humana é mostrada como algo ao qual valha a pena se entregar. Ele não consegue compreender a realidade humana diária, mas, de qualquer forma, a existência medíocre e de mau gosto apresentada pela narrativa não merece ser compreendida. A única imagem de amor autêntico que nos é oferecida – Rose – é tão indiferente ao lugar-comum como seu diabólico namorado. Resta-nos uma imagem convincente de um homem eternamente distante da existência humana. Para um retrato muito mais refinado, podemos recorrer a *Doutor Fausto*, de Thomas Mann, um romance no qual ouvimos a música dos condenados.

Adrian Leverkühn, o infeliz compositor da obra de Mann, representa uma guinada radical na ideia do mal como autodestruição. Ele se infecta deliberadamente com sífilis ao frequentar uma prostituta, e o faz para evocar miragens musicais deslumbrantes do cérebro que está em processo de degeneração. Dessa maneira, Leverkühn procura transformar sua horrível doença na glória transcendente da sua arte. "Que loucura, que tentação deliberada e temerária de Deus", reflete o narrador horrorizado de Mann, "que compulsão a encerrar a punição no pecado, finalmente, que anseio profundo e profundamente misterioso pelo demoníaco projeto dionisíaco, já que um desenlace mortal de transformação química estava em ação em sua natureza, sobre o qual, tendo sido advertido, ele desprezou a advertência e insistiu em possuir aquela carne [de uma prostituta sifilítica]?"

Adrian é um artista dionisíaco que mergulha nas profundezas da miséria humana para extrair a ordem do caos. Sua arte tenta arrancar o espírito da carne, a sanidade da aflição, o angelical do demoníaco. Se o artista procura redimir um mundo corrompido por meio do poder transformador da sua arte, então ele precisa ser íntimo do mal. É por isso que o artista moderno é a versão secular de Cristo, que desceu ao inferno da desesperança e do desamparo para recolhê-lo na vida eterna. Como escreve W. B. Yeats, é "na loja de osso e trapo da emoção" que a arte apoia sua feia raiz. A exemplo de Yeats, o herói de Mann acredita que "nada pode ser único ou completo / que não tenha sido rasgado". Como observa um personagem de *Os irmãos Karamázov*, de Dostoiévski, a respeito do dissoluto Dmitri Karamázov: "A experiência da degradação extrema é tão vital para tipos desregrados e dissolutos como esse quanto a experiência da bondade absoluta". O artista precisa estar bastante familiarizado com o mal porque ele precisa tratar todas as experiências como água para o moinho da sua arte, sejam quais forem seus valores morais convencionais. É por isso que, se quiser que sua arte floresça, ele próprio precisa ser uma espécie de imoralista, abandonando, relutante, toda esperança de santidade. É como se a sua arte extraísse dele toda a bondade. Quanto mais magnífica a arte, mais degenerada a vida. O final do século XIX está cheio de analogias entre o artista – dopado, depravado, angustiado, encharcado de absinto – e o satanista. Ambos os personagens são igualmente escandalosos para a classe média respeitável. E um dos motivos disso é que tanto a arte como o mal são um fim em si mesmos. Nenhum tem nada a ver com utilidade ou valor de troca.

Leverkühn, portanto, põe a morte e a doença a serviço da vida artística. Nos termos mais técnicos de Freud, ele subordina *Tanatos*, ou a pulsão de morte, à causa de *Eros*, ou os instintos vitais. Mas ele paga um preço exorbitante por esse pacto com o diabo. A vida que ele cria – sua música magnífica – é cerebral, deficiente emocionalmente, marcada pelo escárnio, pelo niilismo e pelo orgulho satânico. Suas autoparódias insípidas carecem de qualquer empatia humana. Existe algo de inumano no próprio virtuosismo da música, que é caracterizado por um estilo "diabolicamente inteligente". Como o

Sobre o mal

esteta supremo, Leverkühn literalmente sacrifica sua existência pela arte. Mas aqueles que rejeitam a vida pela arte deixam um rastro assustador desse sacrifício em sua arte; portanto, existe um pouco de autodestruição, bem como de paradoxalmente heroico, nesse projeto. O destino de Leverkühn é uma alegoria da Alemanha nazista, uma nação que também se infectou com veneno, e que se embriagou com ilusões de onipotência antes de ser reduzida a ruínas. Ela era, observa o narrador, "uma sórdida ditadura dedicada ao niilismo desde o começo".

Com o fascismo, escreve Walter Benjamin, "a autoalienação chegou a tal ponto que [a humanidade] pode vivenciar sua própria destruição como um prazer estético de primeira grandeza".[12] É da sua própria autodestruição que Leverkühn colhe o triunfo estético da sua música.

Como veremos, o mal está ligado à destruição de várias maneiras. Um dos vínculos entre eles é o fato de que a destruição é realmente a única maneira de superar o ato divino da criação. Na verdade, o mal preferiria que não houvesse absolutamente nada, pois ele não vê sentido nas coisas criadas. Ele as detesta porque, como afirma Tomás de Aquino, existir é, em si mesmo, uma espécie de bem. Quanto mais ricamente abundante for a existência, mais valor existirá no mundo. O simples fato de haver nabos, telecomunicações e um sentimento generalizado de ansiosa expectativa é algo bom. (E quanto à gripe aviária e ao genocídio? Abordaremos esse problema depois.)

No entanto, o mal não vê as coisas dessa maneira. "Tudo que nasce / Convém que seja destruído, já que nada tem valor", observa Mefistófeles no *Fausto* de Goethe. A probabilidade do holocausto nuclear, ou de o mundo ser tragado por seus próprios oceanos, deixa o mal trêmulo de prazer. Quando um amigo de Pinkie, em *A inocência e o pecado*, observa com a sabedoria dos clientes de bar que "o mundo tem de seguir em frente", Pinkie responde preocupado: "Por quê?". Costuma-se dizer que a principal pergunta que podemos fazer é: "Por que, afinal, existe algo em vez de nada?". A própria resposta de Pinkie

---

12 Benjamin, *Illuminations*, p.244.

a essa pergunta seria um sarcástico: "É mesmo, por quê?". Qual é o significado disso tudo? O mundo material não é irremediavelmente banal e enfadonho, e não seria muito melhor se ele não existisse? O filósofo Arthur Schopenhauer certamente pensava assim. Nada o surpreendia mais como obviamente ridículo do que considerar que a espécie humana era uma boa ideia.

Contudo, dada a realidade insuportável que as coisas realmente existem, o melhor que o mal pode fazer é tentar destruí-las. Dessa forma, ele pode tentar se igualar a Deus invertendo seu ato de criação, numa terrível paródia do livro de Gênesis. A criação a partir do nada só pode ser obra de um poder absoluto. Mas o ato de destruição contém algo igualmente absoluto. Assim como um ato de criação nunca pode se repetir, o mesmo acontece com um ato de destruição. Não é possível quebrar o mesmo vaso chinês de valor inestimável duas vezes, mas se pode fazê-lo com uma reconstrução dele. Destruir pode ser tão atraente como criar, como os bebês sabem muito bem. Para começar, atirar um tijolo numa vidraça colorida pode ser tão agradável como ter sido o primeiro a projetá-la.

Mesmo assim, o mal nunca consegue realmente acertar as contas com o Todo-poderoso, e esse é um dos motivos pelos quais Satanás vive mal-humorado. Pois ele depende da existência de coisas materiais para poder destruí-las com os pés. Inverter o ato de criação não consegue deixar de lhe prestar uma certa homenagem relutante. Como Sebastian Barry escreve no romance *Os escritos secretos*: "A tragédia do diabo é ele ser o autor de nada e o arquiteto dos espaços vazios". Se é verdade, como observa um personagem de *Doutor Fausto*, que "tudo acontece em Deus, sobretudo a queda dele", então o Todo-poderoso se antecipa àqueles que se revoltam contra ele a todo momento. Ele é como um clube do qual não se pode deixar de ser sócio. Revoltar-se contra ele é, inevitavelmente, reconhecer sua existência. E isso, para o diabo, é uma fonte infinita de frustração. O *slogan* do Satanás de Milton – "Mal, sê tu o meu bem!" – sugere que o bem tem prioridade sobre o mal logo no momento em que o mal tenta desalojá-lo.

Sobre o mal

De forma semelhante, a música de Adrian Leverkühn é uma criação de gênio, mas grande parte dela é mais paródica que original. Ela explora formas já criadas, arremedando-as e ridicularizando-as exatamente como o mal faz. Como toda atividade de vanguarda, ela não pode deixar de perpetuar o passado no próprio ato em que tenta fazê--lo em pedaços. Nesse sentido, o mal está sempre atrasado em relação ao bem. Ele é parasita do próprio mundo que abomina. Goetz, o herói da peça *O diabo e o bom Deus*, de Jean-Paul Sartre, glorifica o mal porque é a única coisa que Deus deixou para a humanidade criar, depois de monopolizar todas as coisas mais positivas. O mal acredita que só depende de si mesmo, surgindo como por encanto do nada, mas a verdade é que ele não é a sua própria origem. Algo sempre veio antes dele. E é por esse motivo que ele é eternamente infeliz. O próprio Satanás é um anjo caído, um ser criado por Deus, mesmo que ele esteja num estado que o seu terapeuta chamaria de negação em relação a isso.

Ao se matar, Leverkühn assume o papel de Deus, porque o suicídio exerce um poder quase divino sobre sua própria existência. Nem mesmo Deus pode impedi-lo de dar um fim em si mesmo, e é quando ele goza de uma liberdade extremamente gloriosa e inútil. A liberdade pode ser usada para se anular, como o foi pelos nazistas. Desse ponto de vista, a liberdade mais importante é a de renunciar à liberdade. Quem pode ceder o bem mais precioso que possui deve ser realmente poderoso. Deus é vulnerável às ações independentes de suas próprias criaturas. Ele é incapaz de evitar que elas cuspam em seu rosto. O suicídio é a suposta vitória daqueles que não podem perdoá--lo por lhes ter concedido a vida. Sempre é possível se vingar de Deus empregando a violência contra si mesmo. Se, para começo de conversa, não existe muita coisa dentro de você, pode ser que o prejuízo não seja grande.

Como Pinkie, Leverkühn conhece tudo de teologia. Na verdade, ele decide estudá-la na universidade, embora admita que essa decisão foi tomada por pura arrogância. Também como Pinkie, ele é

Ficções a respeito do Mal

ascético, racional e reservado, tende a achar a vida um tédio e sente aversão pelo contato físico. Dizem que Hitler sentia praticamente o mesmo em relação ao toque físico. Somos informados de que Leverkühn "recuava de qualquer ligação com o real, porque via naquilo um roubo do possível". Ele vê o real – o carnal e finito – apenas como um obstáculo para o desejo infinito. Fica no caminho do seu anseio faustiano por um conhecimento e um talento artístico divinos. As coisas finitas são um escândalo para os seus sonhos desencarnados de eternidade. Toda realização concreta é automaticamente vulgar. Nessa visão maniqueísta, a Criação e a Queda são a mesma coisa, no sentido de que qualquer coisa que existe deve, por isso, estar corrompida. "O nada se matou, a criação é a sua ferida", observa Danton no grande drama *A morte de Danton*, de Georg Büchner. A matéria é simplesmente o que é deixado para trás pela morte do nada. É como se ela estivesse substituindo o que idealmente seria um espaço vazio.

Para a mente faustiana, qualquer realização específica está fadada a parecer como nada, comparada à infinitude do todo. Sua avidez infinita reduz os objetos reais do seu desejo a simples banalidades. Portanto, o mal tem razão em rejeitar Deus, já que Deus, segundo Santo Agostinho, é o lugar em que o apetite humano infinito vem encontrar a paz. E essa paz é intolerável para o desejo ávido, que precisa ficar eternamente mal-humorado e insatisfeito. O Fausto de Goethe é entregue aos poderes de Mefistófeles no instante em que deixa de lutar. Portanto, a infinidade do desejo passa a substituir a eternidade de Deus. E isso dificilmente é uma troca vantajosa. Pois a eternidade, para citar William Blake, está apaixonada pelos frutos do tempo, ao passo que esse desejo maníaco está apaixonado secretamente apenas por si mesmo. Ele despreza o mundo com a sua superioridade glacial, e anseia apenas em se perpetuar por toda a eternidade. Portanto, como veremos mais adiante, ele está bem próximo do que Freud chama de pulsão de morte.

O mal, então, é uma forma de transcendência, mesmo se, do ponto de vista do bem, é uma transcendência que deu errado. Talvez seja a

61

Sobre o mal

única forma de transcendência que sobrou num mundo pós-religioso. Não sabemos mais nada a respeito dos cantores das hostes celestiais, mas sabemos a respeito de Auschwitz. Talvez tudo que sobreviveu de Deus seja esse seu traço negativo conhecido como maldade, como se tudo que pode sobreviver de uma grande sinfonia seja o silêncio que ela deixa no ar como um som inaudível enquanto se aproxima do fim. Talvez o mal seja tudo que agora mantém aquecido o espaço em que Deus existia. Como observa o narrador de Mann a respeito de uma das composições musicais de Adrian: "Uma obra que trata do Tentador, da apostasia e da condenação eterna, o que mais poderia ser senão uma obra religiosa?". Se o mal é realmente o último vestígio que restou de Deus, ele certamente irá atrair aqueles que, a exemplo de Leverkühn, querem se livrar do mundo, mas não acreditam mais no Céu. Como o bem, o mal não se manifesta apenas a respeito desta ou daquela porção da realidade, mas a respeito da realidade enquanto tal. Nesse sentido, ambas as condições são metafísicas. Elas se diferenciam em suas opiniões a respeito da bondade intrínseca, ou não, da existência.

O protagonista de Mann possui, portanto, o que o narrador chama de uma espécie de "niilismo aristocrático". Ele é impassível, irônico e tem uma autossuficiência desconcertante. O romance menciona seu "humor sarcástico luciferista". Sua natureza não tem nada de sensorial. O visível não o agrada, e ele escolheu o campo da música porque ela é, em absoluto, a arte mais formal de todas. A arte moderna ou experimental do tipo que Leverkühn cria representa o momento em que a arte deixa de tirar seu conteúdo do mundo que a rodeia. Em vez disso, ela começa a se voltar para si mesma e a investigar suas próprias formas, usando a si mesma como tema. Leverkühn é um formalista porque teme o conteúdo, o qual, de forma indesejável, simplesmente impediria sua pulsão pelo infinito. Søren Kierkegaard menciona, em *O conceito de angústia*, "a terrível vacuidade e falta de conteúdo do mal".[13] A forma mais pura, aquela que é quase desprovida de qualquer

---

13 Kierkegaard, *The Concept of Anxiety*, p.133.

conteúdo, é um vazio. Mas como o caos também é uma espécie de vazio, é difícil diferenciá-los. Alguns poetas modernos disseram que o poema mais perfeito era uma página em branco. Nada é menos vulnerável ou obstrutivo que o nada. É por isso que as pessoas alérgicas à realidade material gostam tanto do vazio. A vitória final do espírito livre seria a destruição do mundo inteiro. Então, o mundo não poderia se interpor entre elas e o seu desejo. É nesse sentido que, no final das contas, o desejo é pelo nada absoluto.

Para a teologia, como vimos no caso de Erígena, Deus também é o nada absoluto. Ele não é uma entidade concreta nem um objeto extraterrestre. Ele não pode ser situado nem dentro nem fora do universo. Na verdade, do seu jeito exótico, ele também é um formalista. A língua que fala, que ressoa através da sua Criação, é conhecida como matemática. Ela é a chave das leis do universo, mas é totalmente sem conteúdo. Ela é meramente uma questão de manipulação de sinais. A matemática é unicamente forma e nenhuma essência. Nesse sentido, ela tem uma grande afinidade com a música. Mas a negatividade de Deus não é tamanha a ponto de não suportar o carnal e o finito. Em vez disso, como sugere Blake, ele está enfeitiçado pelas coisas materiais. Os cristãos acreditam que Deus alcança sua autoexpressão suprema num corpo humano torturado. Ele está presente em forma de carne, mas, acima de tudo, em forma de carne dilacerada.

O inferno parece assustadoramente real, porém, como vimos no caso de Pincher Martin, na verdade ele é uma espécie de vacuidade. Ele significa uma raiva feroz e vingativa da existência enquanto tal. "O prazer secreto e a certeza do inferno", lemos em *Doutor Fausto*, "é que não devemos ser informados sobre ele, que ele está protegido do discurso, que ele simplesmente é, mas não pode vir a público pelos jornais... pois tudo termina ali – não apenas as palavras que descrevem, mas absolutamente tudo." O inferno está tão fora do alcance da linguagem como a página em branco do poeta simbolista. Ele tem o caráter misterioso das coisas que são brutal e inequivocamente elas mesmas. As coisas que são simplesmente elas mesmas passam

Sobre o mal

através da rede da linguagem e não podem ser mencionadas. Como observa Ludwig Wittgenstein em seu livro *Investigações filosóficas*, não existe afirmação mais inútil do que a da identidade de uma coisa consigo mesma. O mesmo acontece com o tipo de obra moderna ou experimental que se desconecta da vida diária. Ela também parece uma coisa em si mesma, totalmente divorciada da história que lhe dá origem. Como o próprio Leverkühn, ela está isolada de seu ambiente social. Como o bem e o mal, ela parece autogerada. Existem outras afinidades entre o mal e a arte de Adrian. Ambos, por exemplo, implicam uma certa mentalidade de grupo. Vimos, no caso de Pinkie, que o mal é uma coisa extremamente exclusiva, um clube ao qual só um eleito espiritual pode recorrer, e o abominavelmente orgulhoso Leverkühn é outro exemplo disso. Para ele, a vida normal é desprezível e degradada. Além do mais, do mesmo modo que o mal é niilista, o tipo de arte de vanguarda que Adrian produz também o é, em certo sentido. Seu objetivo é eliminar tudo que aconteceu até o momento e recomeçar do zero. Só destruindo seus predecessores ela pode se apresentar como original. O diabo, que faz uma participação especial em *Doutor Fausto*, acaba se revelando, ele próprio, um vanguardista revolucionário, uma espécie de Rimbaud ou Schoenberg de cascos fendidos. Ele despreza a mediocridade de classe média (ela não tem "*status* teológico", diz ele em tom de zombaria), e recomenda o desespero como o verdadeiro caminho da redenção. Deus está interessado em santos e pecadores, não em tediosos suburbanos bem-comportados. Os extremos se tocam: pelo menos os desesperados têm profundidade espiritual, sendo, portanto, versões grosseiras ou paródicas dos santos. O que quer que se possa dizer do diabo, ele tem um profundo desprezo pela classe média puritana. Nesse sentido, ele se parece com o artista boêmio despenteado. Mas os nazistas também desprezavam a moral suburbana.

Além disso, a vida diária ficou tão alienada e banal que só uma dose do diabólico pode animá-la. Quando a vida fica estagnada e insípida, a arte pode se ver obrigada a fazer um pacto com o diabo, adentrando o terreno do exagerado e do indizível para surtir efeito. Ela precisa transgredir as convenções ultrapassadas do seu jeito ríspido, iconoclasta e satânico. Ela precisa reunir os recursos do exótico e do exagerado. Uma arte demoníaca procura destruir a nossa complacência suburbana e liberar nossas energias reprimidas. Dessa forma, talvez algo de bom possa ser salvo, finalmente, do mal. De Charles Baudelaire a Jean Genet, o artista é cúmplice dos criminosos, dos loucos, dos adoradores do diabo e dos subversivos. Isso omite convenientemente o fato de que certa arte moderna é, à sua maneira, tão vazia como a vida suburbana que ela despreza. Em seu desejo ardente pela forma pura, ela é cativada por uma miragem do não ser.

Por trás dessas discussões artísticas do *Doutor Fausto* existe uma questão política mais profunda. É preciso resistir ao fascismo, mas será que o liberalismo e o humanismo convencionais realmente estão à altura da tarefa? A par de ser uma doutrina nobre, o liberalismo também não é uma doutrina pusilânime? Como uma crença que desvia o olhar com uma antipatia respeitosa por aquilo que é realmente diabólico na humanidade pode esperar derrotá-lo? Talvez, então, numa espécie de postura homeopática, devêssemos aceitar o demoníaco para derrotá-lo. Tanto o socialismo como o o modernismo podem ser opções arriscadas, mas, pelo menos, eles vão tão a fundo como o fascismo, algo que não se pode dizer do humanismo liberal. O narrador humanista liberal do romance de Mann é uma pessoa decente e razoável demais para avaliar plenamente a dimensão monstruosa do que ele está enfrentando. De Baudelaire a Yeats, a arte moderna trata com rispidez esse Iluminismo cortês, proclamando, como alternativa, que só é possível pensar em redenção se descermos aos infernos e enfrentarmos o que existe de selvagem, irracional e obsceno na humanidade. Do mesmo modo, o socialismo defende que a história só pode ser transformada através da solidariedade com os rejeitados como a escória da terra, com os perigosos e os espoliados. O freudismo tem a coragem temerária de encarar a cabeça de Medusa do inconsciente. No entanto, isso não alinha essas doutrinas com a mesma barbárie

Sobre o mal

que elas estão empenhadas em superar? Pode-se realmente compactuar assim com o diabo e se safar sem se corromper? Devemos retirar o entulho do humanismo liberal para criar espaço para um mundo melhor ou essa remoção simplesmente abrirá caminho para o surgimento de uma besta selvagem assustadora? No final, talvez, tudo se resuma à postura da pessoa diante da morte. Ela pode rejeitar a morte como uma afronta intolerável à vida, à maneira do narrador humanista de Mann. Ou, como seu amigo Leverkühn, ela pode estreitá-la ao peito pelos motivos errados. Adrian corteja a morte, na forma de uma doença venérea, para obter dela uma espécie de meia-vida agitada, um pastiche debochado de uma existência genuína. Ele vive como uma espécie de vampiro ou parasita de si mesmo, sugando a vida da sua própria decomposição permanente, definhando numa região sombria entre os vivos e os mortos. Essa é uma condição que geralmente é associada ao mal. De todas as imagens associadas a essa condição, a do vampiro é a mais reveladora – pois o mal, como veremos, suga a vida dos outros para preencher uma dolorosa carência dentro de si mesmo. A estranheza que sentimos na presença de uma boneca que parece ameaçadoramente viva é um eco difuso dessa situação. A arte também está suspensa entre a vida e a morte. A obra de arte parece cheia de energia vital, mas não passa de um objeto inanimado. O mistério da arte é como sinais pretos numa página, pigmentos numa tela ou o contato do arco com as cordas de um instrumento musical podem evocar a vida de forma tão magnífica.

A arte experimental como a de Adrian também abraça a morte por meio da "desumanidade" da forma artística. Em vez de estar cheia de conteúdo sensorial, a música de Leverkühn é rigorosamente impessoal. A forma é a dimensão não humana da arte, e é por esse motivo que o realismo apaixonado tenta escondê-la. No entanto, se a arte de Adrian é fria e analítica ao extremo, ela também é exatamente o contrário. Com suas energias diabólicas, ela representa um recuo da intelectualidade desequilibrada da era moderna para o primitivo e o espontâneo. Grande parte da arte moderna procura alcançar a fusão entre o arcaico e a vanguarda. *A terra desolada*, de T. S. Eliot, pode servir de exemplo. Eliot observou certa vez que o verdadeiro artista precisa ser mais primitivo e mais sofisticado que seus compatriotas. Se quisermos renovar a civilização, precisamos contar com as energias do passado. Mas essa união maligna do extremamente novo com o extremamente velho também vale para o nazismo, o qual, nesse sentido, é um fenômeno tipicamente moderno. Por um lado, o nazismo marcha em êxtase rumo a um futuro revolucionário, trazendo a reboque as últimas e mais reluzentes tecnologias da morte. Por outro lado, ele é uma questão de sangue, de solo, de instinto, de mitologia e dos deuses das trevas. Essa combinação é um dos motivos que explica sua poderosa atração. Parece que ninguém consegue escapar da sedução do fascismo, dos místicos aos engenheiros mecânicos, dos paladinos do progresso de olhos brilhantes aos reacionários empertigados.

Portanto, tanto o modernismo como o fascismo procuram unir o primitivo e o progressista. O objetivo é mesclar a sofisticação com a espontaneidade, a civilização com a natureza e a *intelligentsia* com o Povo. O impulso tecnológico do moderno deve ser alimentado pelos instintos "bárbaros" do pré-moderno. Precisamos jogar fora uma ordem social racionalista e retomar um pouco da espontaneidade do "selvagem". Mas não se trata de um retorno ingênuo à natureza. Ao contrário, como Adrian Leverkühn argumenta em seu estilo nietzschiano, diferentemente da antiga barbárie, a nova barbárie será autoconsciente. Ela representará uma espécie de versão racional superior da antiga "selvageria", uma versão que a eleva ao nível da mente analítica moderna. E é assim que uma razão sofisticada e todas as forças naturais que ela reprimiu podem ser unificadas novamente. É o tipo de ética que Rupert Birkin, o herói de *Mulheres apaixonadas*, de D. H. Lawrence, acha tão repulsivo nos tipos de classe alta conscientemente "decadentes" que o rodeiam. Um culto intelectual da violência parece ainda mais sórdido que a realidade.

Como isso tudo é relevante para o tema do mal? Alguém pode alegar que se trata de uma falsa solução para um problema que o

Sobre o mal

mal apresenta. O curioso a respeito do mal é que ele parece ser tanto racional como caótico. Ele tem algo do racionalismo frio e sarcástico de Leverkühn, mas, ao mesmo tempo, se regozija com a depravação e a orgia. Adrian não é apenas um intelectual alienado. Sua música também se deleita com uma espécie de falta de sentido obscena. Ela revela o que o narrador chama "tanto de barbárie ensanguentada como de intelectualidade anêmica". "A intelectualidade mais arrogante", ele observa, "se mantém na relação mais direta com o animal, com o instinto puro, e se entrega da forma mais desavergonhada a ele." Como podemos compreender essa associação fatal?

Na verdade, não existe nenhum mistério nisso. Quando a razão se desprende dos sentidos, o efeito sobre ambos é catastrófico. A razão se torna abstrata e se volta para dentro de si mesma, perdendo contato com a vida humana. O resultado é que ela pode passar a considerar aquela vida como uma simples matéria inútil que pode ser manipulada. Ao mesmo tempo, a vida dos sentidos tende a se revoltar, já que ela não é mais moldada, a partir do interior, pela razão. Quando a razão se firma como racionalismo, a vida dos instintos cai no sensualismo. A razão se torna uma forma de significado carente de vida, enquanto a existência material se torna uma vida vazia de sentido. Se o diabo é um intelectual arrogante, ele também é um palhacinho vulgar que zomba da própria ideia de produção de sentido. Tanto os niilistas como os bufões são alérgicos à menor partícula de significado. Não surpreende, então, que a música de Adrian seja obcecada com a ordem, mas assombrada por uma sensação infernal de caos. Afinal de contas, é sabido que quem se apega neuroticamente à ordem o faz muitas vezes para manter um conflito interno sob controle. Os cristãos fundamentalistas – tipos empertigados que pensam em sexo o tempo todo – são um exemplo disso.

O romancista Milan Kundera escreve em *O livro do riso e do esquecimento* a partir do que ele chama de estados "angelicais" e "diabólicos" da humanidade. Por "angelical", ele se refere a ideais vazios e grandiloquentes que não têm raiz na realidade. O diabólico, por outro lado, é uma gargalhada zombeteira diante da própria ideia de que qualquer coisa humana poderia ter significado ou valor. O angelical é repleto de significado, enquanto o diabólico é desprovido dele. O angelical consiste em clichês afetados como "Deus abençoe nosso maravilhoso país", ao que o demoníaco responde "É, que seja!". "Se houver um excesso de significado incontestável na Terra (o reino dos anjos)", escreve Kundera, "o homem sucumbe debaixo do seu peso; se o mundo perde todo significado (o reino dos demônios), a vida é igualmente impossível." Quando o diabo deu uma risada desafiadora diante de Deus, um anjo gritou em protesto. A risada do diabo, observa Kundera, "enfatizou a falta de significado das coisas, o grito do anjo se regozijou com o fato de que tudo que existe sobre a Terra é tão racionalmente organizado, bem concebido, belo, bom e sensível". Os angelicais são como os políticos, otimistas e sonhadores incorrigíveis: estamos progredindo, os desafios estão sendo superados, as metas estão sendo atingidas e Deus ainda tem uma queda pelo Texas. Os demoníacos, por outro lado, são sarcásticos e cínicos por natureza. Sua linguagem está mais próxima daquilo que os políticos murmuram em privado do que daquilo que defendem em público. Eles acreditam no poder, na concupiscência, no egoísmo, no cálculo racional e em mais nada. Os Estados Unidos, algo surpreendente entre as nações, é angelical e demoníaco ao mesmo tempo. Poucas nações combinam uma retórica pública tão eloquente com o fluxo material sem sentido conhecido como capitalismo de consumo. O papel do primeiro é dar um pouco de legitimidade ao segundo.

Como Satanás une o anjo e o demônio em sua própria pessoa, o mal também reúne essas duas condições. Um lado dele – o lado angelical e ascético – quer se elevar acima da esfera degradada da carnalidade em busca do infinito. Porém, quando a mente se afasta da realidade, ela torna o mundo desprovido de valor. Ela o reduz a coisas extremamente sem sentido, nas quais o lado demoníaco do mal pode então se esbaldar. O mal sempre postula o excesso ou a falta de significado – ou melhor, postula ambos ao mesmo tempo. Essa

Sobre o mal

dupla face do mal é bastante óbvia no caso dos nazistas. Se estavam cheio de uma linguagem bombástica "angelical" a respeito de sacrifício, heroísmo e pureza de sangue, eles também estavam nas garras daquilo que os freudianos chamam de "gozo obsceno", apaixonados pela morte e pelo não ser. O nazismo é uma forma de idealismo insano que morre de medo da carnalidade humana. Mas ele também é um longo arroto de escárnio diante de todos esses ideais. Ele é, simultaneamente, solene e sarcástico demais – cheio de gestos rígidos bombásticos a respeito do *Führer* e da Pátria, mas cínico até a medula. As duas faces do mal estão intimamente relacionadas. Quanto mais a razão se separa do corpo, mais o corpo se desintegra numa confusão sem sentido de sensações. Quanto mais ausente se torna a razão, menos os homens e as mulheres são capazes de viver uma vida humana significativa. Portanto, mais eles precisam recorrer às sensações estapafúrdias para provar a si mesmos que continuam vivos. A orgia é o outro lado do oratório. Na verdade, o grande oratório de Adrian reúne as duas faces do mal, revelando o que o narrador chama de "identidade essencial entre o mais abençoado e o mais amaldiçoado, a unidade interna do coro dos querubins e a risada diabólica dos condenados". Leverkühn pode ser um artista idealista, mas ele também sente um impulso irresistível "de rir, de maneira extremamente abominável, diante dos fenômenos mais misteriosos e impressionantes". Isso porque a própria realidade lhe parece falsa, como uma imitação barata ou uma piada sem graça. "Por que para mim tudo parece a sua própria paródia?", ele pergunta. Ele tem um olho clínico para o que é ilusório e absurdo, e consegue realmente encontrá-lo em qualquer lugar. O inferno não é apenas a agonia atroz. É um tormento acompanhado de uma risada maníaca. É a tagarelice zombeteira daqueles que acreditam que conhecem a verdadeira natureza de tudo, mas que se alegram perversamente com a natureza afetada e *kitsch* de tudo, como os intelectuais que sentem um fascínio deplorável pelo *Big Brother*. Saber que o valor é falso é uma fonte de angústia, mas também confirma sua própria superioridade espiritual. Portanto, o seu tormento também é o seu prazer.

Como o próprio diabo observa em sua região de origem:

> É bem verdade que dentro destas muralhas em que nada ressoa há um grande alarido, infinitamente alto, e de tanto encher os ouvidos com gritos e súplicas, murmúrios e gemidos, com lamentos e uivos, com contorções e rangidos repugnantes, e torturantes arrebatamentos de angústia ninguém consegue ouvir sua própria voz... E a isso se segue a chacota e a suprema ignomínia que faz parte do tormento; pois este êxtase do inferno é como uma zombaria compassiva entoada em voz grave e um desprezo por toda a incomensurável angústia; ela é acompanhada pela risada relinchada e pelo dedo acusador; daí a doutrina de que os condenados não têm de suportar apenas o sofrimento, mas a zombaria e a humilhação também; sim, esse inferno deve ser definido como a união monstruosa entre o sofrimento e o escárnio, insuportável, mas que deve ser suportada pelos séculos dos séculos.

O mundo subterrâneo só pode ser descrito com uma série de expressões paradoxais: "arrebatamentos de angústia", "zombaria compassiva" e assim por diante. É o exemplo máximo de *jouissance*, ou gozo obsceno. Ele vibra com o prazer masoquista que obtemos quando somos punidos. O inferno está tão cheio de masoquistas como uma convenção sadomasoquista. Viver nesse buraco infernal significa ficar sob o controle da pulsão de morte, que nos convence a obter uma gratificação perversa da nossa própria destruição. O riso de escárnio e a fanfarronice dos condenados representam a zombaria daqueles que sabem que tudo, sobretudo eles, é totalmente inútil. Existe uma espécie de satisfação pervertida em estar livre do peso do significado. Ela pode ser ouvida na risada que acolhe um sermão subitamente interrompido por um arroto. O inferno é a vitória final do niilismo sobre o idealismo. Ele ecoa as vaias e gargalhadas daqueles que sentem uma espécie de alívio deturpado porque não podem cair mais.

Ele é também a tagarelice maníaca daqueles que exultam com o que parece ser o segredo definitivo, o segredo que os mais espertos muito provavelmente não vão conseguir desvendar: que nada faz sentido. É a gritaria da farsa vulgar, não o riso discreto da alta comédia.

O inferno é o reino da loucura, do absurdo, do monstruoso, do traumático, do surrealista, do repulsivo e do excrementício que Jacques Lacan, por causa do antigo deus da destruição, chama de *Ate*. É um cenário de desolação e desespero. Mas é um desespero do qual seus habitantes não gostariam, nem por um instante, de ser resgatados. Pois ele não é apenas aquilo que os torna superiores aos idealistas crédulos de todos os tipos; ele também é o sofrimento que lhes assegura que eles ainda estão vivos. Mal sabem eles que até isso é mentira, pois, como vimos, em termos teológicos não pode haver vida fora de Deus. A exemplo de Pincher Martin e do mal, que acreditam terem compreendido tudo, eles são prisioneiros de uma ilusão sem fim.

2
O gozo obsceno

Há cerca de vinte anos, publiquei um breve estudo sobre Shakespeare no qual argumentava, de forma um pouco temerária, que as três bruxas eram as heroínas de *Macbeth*.[1] É uma opinião que eu ainda defenderia, muito embora o próprio Shakespeare talvez ficasse confuso diante dela. Mas ela precisa ser um pouco modificada à luz do que foi dito até o momento.

O que me permite fazer essa afirmação petulante? As três bruxas da peça se opõem à ordem social violenta e hierárquica da Escócia de Macbeth, e provocam uma destruição sem precedente por todo o país. Elas são exiladas daquele regime obcecado com o *status*, morando em sua própria comunidade de irmãs nas sombrias regiões de fronteira. Elas não se relacionam com a ordem social estabelecida de rivalidades e honras militares masculinas, a não ser para causar sérios problemas ao seu funcionamento. Enquanto os principais personagens masculinos do drama estão decididos a fazer de tudo para promover e defender seu *status*, as bruxas representam uma espécie de fluidez

---

1 Eagleton, *William Shakespeare*, p.1-3.

(elas desaparecem e se materializam novamente) que corrói inteiramente essa identidade bem fundamentada. Como "oradoras imperfeitas" que fazem uso de enigmas traiçoeiros, elas representam um jogo de palavras sem sentido e poético às margens da sociedade tradicional. À medida que a peça avança, seus enigmas, ou "evasivas com duplo sentido", passam a se infiltrar na própria ordem social, alimentando a ambiguidade, espalhando a destruição e trazendo a desgraça a dois patriarcas reais. As irmãs dizem a Macbeth, por exemplo, que ele nunca será morto por "alguém nascido de mulher". Na verdade, ele é assassinado por um homem que veio ao mundo por meio de cesariana.

Nesse sentido, essas megeras peludas representam o que poderíamos arriscar a classificar de inconsciente da peça, o lugar onde os significados escorregam e se confundem. Na presença delas, as definições claras se dissolvem e os contrários se invertem: o justo é injusto, e o injusto é justo, nada é senão o que não é. As três irmãs esquisitas são andróginas (mulheres barbadas), e tanto únicas como múltiplas (três em uma). Como tais, elas atacam os fundamentos de toda estabilidade social e sexual. Elas são separatistas radicais que rejeitam o poder masculino, pondo a nu o som e a fúria que existe no âmago desse poder. Elas são devotas do culto da mulher cujas palavras e corpos zombam das fronteiras rígidas e fazem troça das identidades fixas. Em suma: não há dúvida de que essas velhas bruxas repugnantes leram a última teoria feminista que surgiu em Paris.

No entanto, meu entusiasmo inicial por essas velhas encarquilhadas de dedos curvos merece um reparo fundamental. A negatividade das bruxas, que deturpam as interpretações e executam "um ato inominável", é, de fato, uma ameaça a uma ordem social rígida como a Escócia de Macbeth. Mas ela também é uma ameaça a qualquer ordem social imaginável. Essas feiticeiras desdentadas são inimigas da sociedade política enquanto tal. Sua negatividade considera a própria existência concreta repugnante, não apenas a existência concreta dos nobres escoceses manchados de sangue. É por isso que ela não pode oferecer uma alternativa política àqueles assassinos belicosos. Na verdade, as irmãs sentem um prazer obsceno em desmembrar a vida humana, e em jogar vísceras putrefatas, o dedo de um bebê, o olho de uma salamandra, a língua de um cachorro e a perna de uma lagartixa no caldo repulsivo e borbulhante do seu caldeirão.

As bruxas, elas mesmas, são claramente não animais. Elas parecem não ser limitadas por seus corpos, se materializando e evaporando a seu bel-prazer. Nessa falta de existência corpórea elas se parecem ao bobo shakespeariano, que, como elas, é uma espécie de mutante, e que também fala uma espécie de verdade do seu jeito enigmático. Mas a desencarnação, como acontece com Ariel em *A tempestade*, é uma espécie de benção duvidosa. Ela é, na melhor das hipóteses, uma espécie de liberdade negativa. Quando recebe a liberdade, Ariel evapora. Já vimos que personagens como Pincher Martin e Adrian Leverkühn estão separados dos seus próprios corpos. Desconfia-se que esse desprezo pelo que é finito e material também se aplique às feiticeiras.

Portanto, o que torna essas andróginas comedoras de serpente tão revolucionárias – o fato de parecerem decididas a subverter a sociedade política enquanto tal – também sugere o que há de errado com elas. Elas podem rejeitar a ordem social como um todo porque rejeitam a existência humana como um todo. Ela simplesmente não é o tipo de mundo que elas habitam, ainda que cruzem com ele de vez em quando. E essa recusa das coisas humanas, como vimos, está associada tradicionalmente ao mal. Uma recusa geral de existir significa uma negação não apenas das hierarquias masculinas, mas da diferença e da diversidade. Na noite das bruxas de *Macbeth*, todos os gatos são pardos. Existe um jeito certo de minar identidades zelosamente protegidas: fazer que os aristocratas guerreiros sofram. Mas existe também um jeito errado de fazer isso: misturar tudo com tudo e negar toda diferença.

O mal está associado à lama porque ele é descaracterizado e amorfo. Na fábula *O médico e o monstro*, de Robert Louis Stevenson, Jekyll pensa no malvado Hyde, "apesar de toda a sua energia vital,

Sobre o mal

como algo não apenas demoníaco, mas inorgânico. Isso é que era chocante: que a lama da fossa parecesse emitir gritos e vozes; que o que estava morto e não tinha forma usurpasse as funções da vida".[2] O mal tem a mesmice da merda, ou a mesmice dos corpos num campo de concentração. É como o mingau espesso no qual as três irmãs, despreocupadamente, misturam de tudo, da língua de um cachorro ao dedo de um bebê natimorto. Uma face do mal pode ser elitista, mas a outra é justamente o oposto. As coisas criadas são insignificantes demais para que mereçam ser diferenciadas. Em *Macbeth*, tanto os inocentes como os culpados são dilacerados pelo processo implacável que as bruxas iniciam. Não há muito que comemorar nisso.

Existe outro sentido em que devemos ser céticos em relação às irmãs. Por estarem fora da sociedade política, elas não têm objetivos nem ambições; e essa falta de preocupação com o amanhã se reflete no fato de elas viverem num tempo cíclico, não num tempo linear. Para as irmãs, o tempo anda em círculos em vez de se mover para frente numa linha reta, como o faz, de forma banal, para Macbeth ("Amanhã, amanhã e amanhã...?"). O tempo linear é o instrumento da aspiração e da realização – ao passo que as megeras hipócritas estão associadas à dança circular, aos ciclos lunares e à repetição literal. Elas também submetem o tempo por meio de previsões proféticas. Para elas, o futuro já aconteceu. No entanto, quando a sua negatividade influencia Macbeth, ela assume a forma de um desejo que se estende eternamente para o futuro. Isso é porque, ao contrário das bruxas, os humanos vivem no tempo. A negatividade se torna uma forma de "ambição exagerada" que nunca está contente com o presente, mas que precisa invalidá-lo ininterruptamente em sua ânsia pela realização seguinte. Nessa peça, cada etapa que esse desejo vence para se consolidar o revela um pouco mais. Macbeth acaba perseguindo uma identidade estável que sempre se esquiva dele. O desejo se desfaz à medida que o tempo passa. As medidas tomadas para blindar o *status*

---

2 Stevenson, *The Strange Case of Dr. Jekyll and Mr. Hyde*, p.6.

real de Macbeth têm um efeito contrário. Portanto, quando o nada das bruxas penetra na história humana, ele se torna absolutamente destrutivo. Ele se apresenta como o vazio no centro do desejo, que o empurra para realizações ainda mais imperfeitas e infrutíferas. Como vimos, existe um tipo bom e um tipo ruim de nada; e podemos dizer que as górgonas assustadoras dessa peça reúnem os dois.

Antes de mais nada, por que essas bruacas de dedos macilentos querem destruir Duncan, Macbeth, Banquo, a família de Macduff, além de vários outros personagens? A própria peça não arrisca uma opinião. Ela não dá nenhuma resposta porque não existe resposta. As mentiras perniciosas das bruxas não fazem sentido. Elas não têm nenhum objetivo em mente, tal como acontece com suas danças circulares em volta do caldeirão. As irmãs não querem realizar nada, já que a realização faz parte da sociedade que elas repudiam. A realização pertence à esfera dos meios e dos fins, das causas e dos efeitos; e essa esfera é estranha a essas feministas que vivem na imundície. Elas são feiticeiras, não estrategistas. Procuram destruir Macbeth, não porque ele seja uma pessoa insensível (na verdade, até encontrá-las, ele não é), mas por pura diversão.

Chegamos, então, a um critério que parece fundamental para a ideia de mal. Ele não tem, ou parece não ter, nenhum objetivo prático. O mal é extremamente sem sentido. Qualquer coisa tão maçante como um propósito mancharia sua pureza letal. Nisso ele se parece com Deus, o qual, se de fato existir, não tem absolutamente nenhum motivo para tal. Ele é a sua própria razão de existir. Ele também criou o universo apenas como diversão, não por algum propósito. O mal rejeita a lógica da causalidade. Se tivesse um objetivo em vista, ele seria autodividido, não idêntico a si mesmo, fora do controle de si mesmo. Mas o nada não pode ser dividido dessa maneira. É por isso que ele não pode realmente existir no tempo. Pois o tempo ressalta a diferença, enquanto o mal é monótona e eternamente o mesmo. É nesse sentido que se diz que o inferno existe por toda a eternidade.

Sobre o mal

O outro grande exemplo shakespeariano de um mal que parece carecer de qualquer propósito é Iago em *Otelo*. Iago oferece diversos motivos para sua aversão pelo Mouro, assim como Shylock o faz em relação a sua antipatia por Antônio em *O mercador de Veneza*. Em ambos os casos, porém, os motivos declarados parecem curiosamente desproporcionais à virulência do ódio. Os dois homens também oferecem um excesso de motivos suspeito, como se tentassem racionalizar uma cólera que eles mesmos não conseguem compreender muito bem. É tentador, então, encontrar a origem da hostilidade de Iago por Otelo em seu niilismo. Iago é um cínico e materialista que só acredita no desejo e na ambição, e que considera desprezível todo valor objetivo: "Virtude? Uma figa! Depende de nós mesmos sermos deste ou daquele jeito. Nossos corpos são nossos jardins, cujos jardineiros são nossas vontades; de modo que se quisermos plantar urtiga e semear alface, deixar hissopo e arrancar tomilho... ora, o poder exclusivo e a força reguladora de tudo isso reside apenas em nossa vontade".

O mundo é uma simples matéria maleável que a vontade individual plenamente soberana pode moldar como lhe aprouver. E isso também se aplica a si mesmo. Os seres humanos são criaturas automoldáveis e autocriadas. Eles se inspiram em si mesmos, não em Deus, na natureza, no parentesco humano ou no valor objetivo. Vários vilões famosos de Shakespeare defendem essa causa. Eles são naturalistas e anticonvencionalistas dos pés à cabeça. Valores, imagens, ideais e convenções servem apenas de fachada ou de cereja do bolo, que os perversos afirmam ter compreendido muito bem. Na verdade, imaginar que poderia haver uma realidade humana sem essas dimensões é ser ainda mais ingênuo que o crédulo Otelo. Aqueles que procuram ser criadores de si mesmos se ligam mais à condição de ciúme sexual, que, como observa Emília, a esposa de Iago, nessa peça, é "um monstro / que se gera em si mesmo e de si nasce". Existe algo particularmente sem sentido e malévolo na mente de Shakespeare a respeito das coisas que dão origem ao seu próprio nascimento, que se alimentam de si mesmas ou que se definem tautologicamente em seus próprios termos. É uma imagem que ele retoma frequentemente em sua obra dramática. Coriolano é um exemplo dessa circularidade indolente – um personagem que se comporta "como um homem que houvesse de si mesmo sido gerado / e que não conhecesse nenhum parente". Mas essa arrogante peculiaridade é também pura estupidez: "Por julgar-se sem título, uma espécie de coisa alguma / até que um novo nome na fornalha de Roma ele forjasse".

Como muitos cínicos shakespearianos, Iago é, até certo ponto, um palhaço, deleitando-se em ridicularizar e diminuir os outros. Hannah Arendt observa, a respeito do administrador do genocídio nazista Adolf Eichmann, que "todos (em seu julgamento) podiam perceber que este homem não era um 'monstro', mas era realmente difícil não desconfiar que ele fosse um palhaço".[3] Ela acredita que Eichmann não era um personagem diabólico que adotou conscientemente o mal como seu bem. Também não era uma figura imponente do mal como Macbeth, nem mesmo alguém simplesmente estúpido. Arendt considera que foi por "puro descuido" que ele se tornou o maior criminoso moderno. De forma audaciosa, ela descobre algo não apenas banal nisso, mas "até engraçado".[4] No entanto, quando a fanfarronice chega a ponto de negar todo valor, ela realmente se torna monstruosa. A farsa é a ação humana despida de significado e reduzida a simples movimento físico. É isso também que os nazistas tinham em mente em relação aos judeus.

A ridicularização pode ser, certamente, um tipo positivo de idiotice. Ela reduz as ilusões pretensiosas dos que se autoenganam. Mas também pode se aproximar perigosamente do niilismo daqueles que, como Iago, só conseguem alcançar uma espécie de identidade vicária para si mesmos por meio da ridicularização e da destruição. Existe sempre um toque de sentimentalismo nesse tipo de mal, que tem um prazer perverso em pôr as coisas em seu devido lugar. O problema,

---

3 Arendt, *Eichmann in Jerusalem*, p.54.
4 Ibid., p.288.

Sobre o mal

portanto, é que uma iconoclastia saudável pode se aproximar muito de um cinismo patológico. Basta apenas que Iago ponha os olhos na virtude ou na beleza para sentir o desejo insuportável de destruí-la. Algo da sua atitude em relação a Otelo é capturado em seu comentário sobre outro personagem, Cássio: "Beleza cotidiana tem na vida / que me deixa horroroso".

Ao contrário de Iago, Otelo parece embevecido com a integridade de seu próprio ser. Existe um ar de imensa autossatisfação nele que irrita Iago de maneira insuportável. Sua autoadmiração se reflete em seu discurso oratório pomposo:

> Tal como o Ponto Euxino,
> Cuja corrente fria e o forte curso
> Não se ressentem do refluxo nunca, e seguem sem parar para
> A Propôntida, para o Helesponto;
> Assim meus pensamentos sanguinários, com passos furibundos
> Avançam sempre, sem jamais olharem para trás nem refluírem para
> o amor,
> Até que uma vingança avassaladora e ampla
> Os envolva e absorva.

Esse é o tipo de coisa que deixa o experiente Iago profundamente envergonhado. Ele considera esse idealismo exaltado como algo falso, o que, em parte, ele é. Nos termos de Milan Kundera, então, Otelo é angelical, ao passo que Iago é demoníaco. A linguagem de Otelo é recheada demais de uma retórica espalhafatosa, extravagante e exagerada demais. O discurso de Iago, por sua vez, é rude e pragmático. Como inúmeros outros vilões shakespearianos, sua postura em relação à linguagem é estritamente funcional. Ele se refere ao discurso do Mouro, de forma zombeteira, como "um fraseado bombástico / recheado só de epítetos de guerra". Apesar do seu propósito malicioso, essa não é uma descrição inválida de um herói capaz de lançar frases como "infladas e vácuas conjecturas". Mesmo o suicídio final

O gozo obsceno

de Otelo, que é precedido de um discurso previsivelmente melodioso preparado de antemão, é o que um crítico chamou de "magnífico *coup de théâtre*", realizado com um olhar arguto para o público. Esse herói belicoso parece viver continuamente de uma imagem inflada de si mesmo. Como a sua identidade é exteriorizada de maneira tão completa, ela deixa atrás de si uma espécie de ausência ou vazio, que seu inimigo pode então ocupar.

Do ponto de vista de Iago, Otelo representa uma pretensiosa plenitude de vida que esconde uma carência interior. E essa carência, ironicamente, é a sua incapacidade de perceber que falta algo em sua identidade – algo que a deixa instável ou incompleta. Sua percepção elevada de si mesmo é uma maneira de não ter de enfrentar o caos da sua vida interior. Iago, por outro lado, observa a respeito de si próprio que "eu não sou o que sou" – querendo dizer que, enquanto Otelo parece mais ou menos idêntico à sua imagem pública de guerreiro, sua própria individualidade é apenas uma sobra vazia por cima de uma máscara qualquer que ele apresenta ao mundo num determinado momento. Iago só pode ser definido em termos negativos, como o outro do que quer que ele aparente ser. O mesmo vale para o seu comentário "Eu não sou nada mais que uma pessoa crítica". A exemplo de um crítico, ele é parasita da criação – uma criação que ele secretamente despreza. Carente de uma identidade sólida – ele é um *ator, uma figura puramente performática* –, ele vive apenas de subverter a individualidade alheia.

Assim é que Iago, atormentado de forma insuportável pela individualidade aparentemente perfeita de Otelo, se propõe a desestruturá-la insinuando algo insidioso no centro da identidade do Mouro. Enquanto em *Macbeth* esse algo insidioso assume a forma de ambição política, em *Otelo* ele assume a forma de ciúme sexual. Otelo pergunta a Iago o que o preocupa, e Iago responde "Nada, meu senhor". Ironicamente, a resposta está correta. De fato, nada o aflige. Mas Iago reflete, corretamente, que Otelo prontamente irá descobrir algo terrível – a suposta infidelidade de sua esposa Desdêmona – em sua

Sobre o mal

despretensiosa negação. A negatividade que irá atormentar Otelo é a inexistência de ciúme sexual infundado.

Como o fingimento das bruxas de *Macbeth*, esse temor anônimo corrói toda a estabilidade da identidade. Ele converte o mundo inteiro num estado horripilante de ambiguidade. Contradição, inversão, duplicidade e lógica deturpada são as marcas dessa condição, do mesmo modo que o são as marcas das bruxas de *Macbeth*. "Penso que minha esposa é honesta", Otelo suspira, "e penso que ela não é." As insinuações capciosas de Iago o deixam no estado mental perturbado em que acreditamos e duvidamos da mesma coisa ao mesmo tempo. Em seu ciúme paranoico, o mundo se torna um texto que pode ser interpretado e distorcido eternamente. É possível descobrir os sentidos mais horríveis em seus sinais aparentemente inócuos. Otelo está decidido a desvendar o âmago do mistério, esquecido do fato de que não existe nenhum mistério. Tudo que o rodeia parece sinistramente irreal, já que se trata apenas de um espetáculo artificial que se recusa a mencionar a terrível realidade sexual que ele oculta. Nada é senão o que não é. O ciúme doentio não pode aceitar o escândalo de que tudo está à vista de todos, que as coisas são simplesmente do jeito que elas são, de que aquilo que vemos é, quem diria, a realidade. Como o ciumento paranoico Leonte se lamenta em *O conto do inverno*:

> E o falar baixo nada representa?
> Encostarem-se as faces? Os narizes?
> Beijarem-se nos lábios?...
> Então é nada o mundo todo e tudo que nele se contém?
> O céu é nada, Boêmia é nada,
> Minha esposa é nada, são nadas todos esses nadas
> Caso for nada quanto passa...

Para todo lugar que se olha não se vê nada, um pouco como Pinker Martin quando o rochedo, o céu e o oceano se dissolvem. A linguagem, como o "Nada" de Iago, faz um buraco profundo no mundo. Ela torna ausentes coisas presentes, induzindo-nos a ver com insuportável clareza o que não existe.

Otelo é particularmente vítima dessa ilusão, já que, em termos freudianos, ele sublimou seus "baixos" instintos num idealismo exaltado. Segundo Freud, quem faz isso enfraquece esses instintos, e, ao agir assim, se torna vítima da pulsão de morte. É por isso que o angelical pode degringolar, sem avisar, e se tornar demoníaco, do mesmo modo que Otelo se transforma, em poucas cenas, de uma figura popular respeitada num maníaco tagarela obcecado por sexo. Sua eloquência imponente se desfaz gradualmente quando ele recebe um grupo de dignitários gritando como um louco "Bodes e macacos!". Não é exatamente o tipo de recepção que se espera de um funcionário público de alto escalão. A idealizada Desdêmona se comportou como uma espécie de fetiche para ele – para Freud, a função do fetiche é bloquear as realidades perturbadoras do inconsciente. "Que minha alma a apanhe a perdição, se eu não te amar", lamenta-se Otelo, "e se não te amo / que este mundo volte de novo para o caos." Se ele precisa do amor da esposa é, em grande medida, para bloquear um *insight* aterrorizante sobre si mesmo. E é ao influenciar esse afastamento de si mesmo que Iago consegue provocar a implosão da identidade de Otelo.

Existem muitas obras literárias sobre o mal, mas poucas foram condenadas por serem, elas próprias, nocivas. Este, porém, foi o destino de *Les Liaisons dangereuses** (1782), de Pierre de Laclos, que algumas jovens da época só liam a portas fechadas, e que acabou sendo condenado como "perigoso" pelo tribunal real de Paris. Os protagonistas do livro, a marquesa de Merteuil e seu ex-amante, o visconde de Valmont, são monstros da manipulação que arruínam a vida dos outros por meio de intriga sexual, basicamente para se divertir. Valmont, friamente, se propõe a seduzir a presidente de Tourvel, uma vez que a sua religiosidade e castidade a tornam uma "inimiga" merecedora das suas

---

* Em francês no original: *As ligações perigosas*. (N. T.)

Sobre o mal

maquinações. Nesse sentido, existe um pouco de Iago na atitude dele em relação a ela. Depois de usar metade do romance para seduzir a virtuosa presidente, ele a rejeita e a deixa morrer desesperada. Ele então se vinga de madame de Volanges, que tentara alertar a presidente de Tourvel a respeito do caráter sórdido do visconde, seduzindo sua filha de quinze anos, Cécile. Ele se diverte particularmente ao imaginar o que o noivo respeitável da jovem vai pensar, em sua noite de núpcias, das técnicas sexuais sofisticadas em que ele a iniciou. Cécile acaba engravidando e entra para um convento; o jovem fidalgo ultrajado, que a ama, mata Valmont num duelo.

A animada parceira de crime de Valmont é a marquesa de Merteuil, uma mulher que poderia reivindicar o título de uma das vilãs mais desalmadas da literatura mundial. Os dois aristocratas libertinos são especialistas na arte do "amor", um jogo que eles conduzem com todo o sádico deleite dos psicopatas. Nessa dissoluta alta-sociedade parisiense, a amante de alguém é sua adversária, cortejá-la é persegui-la até a morte e dormir com ela é destruí-la. Valmont e sua antiga amante não são perversos por serem vítimas de uma paixão descontrolada, mas justamente por não serem. É a fusão que eles fazem entre o racional e o erótico que os identifica com o estereótipo exagerado do gaulês. Essa dupla aristocrática é tão dissociada da sua própria vida emocional como Adrian Leverkühn, e é por isso que eles destroem as criaturas vulneráveis que os rodeiam. O amor é uma escaramuça militar ou uma experiência psicológica que deve ser conduzida por seu puro prazer destrutivo. Ele não tem quase nada a ver com afeição. Com essa perversa falta de motivo para suas conquistas, os dois se aproximam muito de uma espécie tradicional de mal. É uma condição que pode ser encontrada de Sade a Sartre. Existem bons motivos para acreditar que o diabo é francês.

Otelo nos apresenta o espetáculo de um homem que destrói sistematicamente outro, e sem nenhum motivo aparente. Pareceria que o mal é um exemplo de puro desinteresse. Se isso é verdade, então o fato surpreendente é que raramente algum dos personagens literários examinados até agora faz jus à descrição. Pincher Martin, de Golding, com base nas evidências produzidas pelo romance, não elimina os outros por diversão. Pelo contrário, ele não é o tipo de pessoa que faz algo, criativo ou destrutivo, só por fazer. É difícil imaginá-lo assobiando alegremente junto ao torno do oleiro. A vontade de Martin serve ao seu egoísmo implacável – ao passo que o mal "absoluto" devasta e extermina mesmo quando isso ameaça prejudicar os interesses daqueles que estão sob o seu controle. Na verdade, ele pode lhes causar um bocado de angústia, como veremos logo mais. Só que, para o mal, essa angústia também é uma fonte de intensa gratificação. Como escreve o filósofo John Rawls (de maneira um pouco surpreendente, para quem conhece seu tom acadêmico seco de costume), "O que motiva a pessoa perversa é o amor pela injustiça: ela se deleita com a impotência e a humilhação daqueles submetidos a ela e se delicia ao ser reconhecido por eles como a autora consciente de sua degradação".[5] O mal é pura teimosia. É uma espécie de perversidade cósmica. Ele pode alegar que inverte os valores morais convencionais para que a injustiça se torne uma proeza a ser admirada; mas, secretamente, ele não acredita em nenhum deles.

Pinkie, de Graham Greene, revela algumas das características tradicionais do mal. Mas ele também mata por motivos práticos (para evitar ser identificado como criminoso, por exemplo), não como um fim em si mesmo. Nisso ele se parece com os bandidos em geral, que não costumam praticar o que os franceses chamam de *acte gratuit*, ou um ato deliberadamente sem sentido. Adrian Leverkühn, de Thomas Mann, só mata a si mesmo, ainda que se considere responsável pela morte de uma criança. Ele também não põe fim à vida apenas por diversão. Existe um propósito artístico em seu suicídio prolongado. O narrador anônimo de *O terceiro tira* certamente está no inferno; mas ele assassina o velho Mathers por dinheiro, não como um fim em

---

5 Citado em Dews, *The Idea of Evil*, p.4.

Sobre o mal

si mesmo. Portanto, talvez o que se poderia chamar de mera crueldade também leve ao inferno, junto com o que é decididamente mau.

Aparentemente, as bruxas de *Macbeth* destroem a vida humana unicamente pelo prazer de matar, mas vimos que, a exemplo das bruxas da vida real, elas não são, de modo algum, tão perversas como os críticos as descreveram. Iago talvez seja quem menos combine com o figurino. Pode-se argumentar que qualquer definição de mal que exclua uma galeria de elementos nocivos como essa é limitado e contraproducente. Esse sentido de mal não é técnico e preciso demais para o seu próprio bem? Na verdade, ele define o mal como aquilo que Immanuel Kant chama de mal "radical". Ele o considera uma perversidade intencional pelo prazer de ser perverso, algo que Kant, na verdade, não achava possível. Para ele, mesmo o indivíduo mais depravado precisa reconhecer a autoridade da lei moral. Mas a rigidez da definição também pode indicar o quão extraordinariamente raro o mal realmente é, apesar daqueles que pregam esse rótulo, de maneira arrogante, nos assassinos de bebês ou na Coreia do Norte. Existem riscos, também, numa definição abrangente demais do termo. Kant, por exemplo, usa termos como mal, maldade, depravação e comportamento venal para designar coisas que a maioria dos liberais folgados consideraria apenas levemente imorais. Para ele, o mal se encontra em nossa inclinação a nos desviarmos da lei moral. Mas o mal é muito mais interessante que isso. E nem todos os desvios são dignos desse nome.

Talvez o mal não seja tão raro assim nos altos escalões das organizações fascistas. Mas, felizmente, as próprias organizações fascistas são pouco numerosas na prática, pelo menos na maior parte do tempo. É verdade que, a exemplo dos acidentes aéreos, quando o mal realmente irrompe ele tende a fazê-lo em grande estilo. O Holocausto imediatamente vem à mente. Mesmo assim, devemos ter em mente o quanto o Holocausto foi um acontecimento excepcional. Certamente não foi excepcional por envolver o assassinato de um número enorme de homens, mulheres e crianças. As carnificinas promovidas pelos governos de Stálin e Mao mataram muito mais gente. O Holocausto

O gozo obsceno

foi singular porque a racionalidade dos Estados políticos modernos geralmente é instrumental, preparada para alcançar objetivos específicos. É surpreendente, portanto, encontrar uma espécie de *acte gratuit* monstruoso, um genocídio como um fim em si mesmo, uma orgia de destruição aparentemente por diversão, bem no meio da era moderna. Esse mal quase sempre está confinado à esfera privada. Os chamados assassinos Moors da Grã-Bretanha dos anos 1960, que aparentemente não eram loucos e que parecem ter torturado e matado crianças pelo simples prazer de fazê-lo, podem servir de exemplo.

Por outro lado, exemplos de destruição da população como um fim em si mesmo são extremamente difíceis de encontrar. Para começar, esses acontecimentos exigem um nível elevado de organização; e as pessoas naturalmente hesitam em dedicar tempo e energia a essas iniciativas, a menos que considerem que a compensação vale a pena. A psicose de massa não é algo que acontece o tempo todo, a menos que incluamos a religião e o fã-clube de Michael Jackson nesse tópico. Uma das características mais absurdas dos campos de morte nazistas era a forma em que medidas sensatas, meticulosas e funcionais eram postas a serviço de uma operação que não tinha absolutamente nenhum objetivo prático. É como se pedaços individuais e parte do projeto fizessem sentido, mas a operação geral não. O mesmo vale para um jogo no qual movimentos intencionais são feitos dentro de um contexto que não tem nenhuma função prática.

Stálin e Mao massacraram por um motivo. Na maioria das vezes, havia um tipo cruel de racionalidade por trás dos assassinatos. Isso não torna os seus atos menos abomináveis ou censuráveis que os dos nazistas. Afinal de contas, as vítimas dessas monstruosidades não estão especialmente preocupadas em saber se a sua morte não tem nenhum motivo específico ou se segue um plano meticuloso. Na verdade, os crimes cometidos tendo em vista um objetivo podem ser mais censuráveis do que os perpetrados sem motivo aparente. Jogar um completo estranho para fora de um vagão de trem apenas por diversão, como acontece no romance *Os porões do Vaticano*, de André

Gide, não é tão perverso como jogar meia dúzia de estranhos para criar mais espaço para você. Os crimes de Stálin e Mao não são menos abomináveis que os de Hitler. Eles são apenas de uma categoria diferente. Há quem diga que a chamada Solução Final não foi, de fato, sem propósito. Afinal de contas, se ela era vista pelos nazistas como uma solução, então era porque, supostamente, tinha algum sentido. Por um lado, a demonização dos judeus servia à causa da unidade nacional, que sempre é mais fácil de alcançar diante de um perigo onipresente. Também havia motivos óbvios e práticos para liquidar inimigos políticos do regime como os comunistas. Por outro lado, acreditava-se que o assassinato de "pervertidos" sexuais ou de deficientes mentais ou físicos purificava a raça alemã. Examinaremos a explicação da purificação da raça logo mais. No entanto, vale a pena observar que não é preciso matar seis milhões de pessoas para criar um bicho-papão. Em todo caso, as pessoas podem ser transformadas em bodes expiatórios sem serem exterminadas. Na verdade, os dois objetivos são, em última análise, irreconciliáveis. Se você elimina seu bode expiatório, vai precisar encontrar outro. Afinal de contas, a Solução Final solucionava o quê?

Também é verdade que, às vezes, não existe um limite claro entre o pragmático e o não pragmático. Em que categoria, por exemplo, a Inquisição se encaixa? A arte e o humor são basicamente não pragmáticos, no sentido de que normalmente não têm muito efeito prático. Mesmo assim, de vez em quando conseguem produzir esses efeitos. Pensem numa marcha patriótica composta para celebrar as conquistas militares da nação. Expurgos e pogrons geralmente têm um objetivo político – confiscar terra, por exemplo, ou destruir potenciais inimigos do Estado. No entanto, eles raramente podem ser reduzidos a esses objetivos práticos, como a violência exagerada empregada neles pode indicar. Seu nível de selvageria se deve ao fato de não dizerem respeito apenas a terra e poder, mas à identidade das pessoas. Os seres humanos muitas vezes ultrapassam todos os limites da barbárie para continuar sendo eles mesmos. Nesse tipo de campanha, o pragmático e o não pragmático frequentemente estão misturados. Para Sigmund Freud, a pulsão de morte sempre ultrapassa, de forma descabida e sádica, os objetivos práticos à qual a submetemos (o domínio da natureza, por exemplo). Ela é, sabidamente, um criado inconfiável, sempre prestes a escapulir e agir a seu bel-prazer. Primo Levi observa como a violência durante a época de Hitler sempre parecia ou um fim em si mesmo ou desproporcional ao seu objetivo.[6]

O Holocausto não foi irracional no sentido de ser um massacre puramente aleatório, como se assassinassem seis milhões de violinistas ou seis milhões de indivíduos de olhos castanhos. Aqueles que pereceram foram escolhidos por serem judeus, ciganos, homossexuais ou outro grupo de pessoas que os nazistas consideravam indesejáveis. O fato de homens e mulheres homossexuais, além de esquerdistas, terem sido massacrados serve para nos lembrar de que a Solução Final não se limitou apenas ao massacre daqueles considerados estrangeiros em termos étnicos ou raciais, como os judeus (incluindo os judeus alemães) eram encarados. Mas por que todas essas pessoas eram consideradas indesejáveis? Porque se pensava que elas representavam uma ameaça à pureza e à unidade da nação alemã e à chamada raça ariana. Portanto, talvez esse fosse um motivo suficiente para a existência dos campos da morte.

Porém, a ameaça, em grande parte, não era concreta. De um modo geral, esses chamados estrangeiros representavam um perigo para o Estado não por aquilo que tinham feito, mas simplesmente pelo fato de existirem, assim como a simples existência de Otelo parece ameaçar Iago. Não é apenas porque eles eram o "Outro", no jargão pós-moderno da moda. A Alemanha nazista tinha inúmeros "Outros", incluindo os Aliados; mas não tinha planos bem elaborados para exterminá-los em massa em vez de bombardeá-los no chão. Os nazistas não assassinaram os belgas simplesmente por serem belgas. Os Aliados representavam um perigo real para os nazistas, mas

---

6 Levi, *The Drowned and the Saved*, p.101.

Sobre o mal

não constituíam o que se poderia chamar de ameaça ontológica – uma ameaça à sua própria existência. Eles não sugavam insidiosamente o fundamento da sua identidade, como se considerava que os judeus e os outros faziam. O tipo de outro que leva alguém ao assassinato em massa geralmente é aquele que, por este ou por aquele motivo, passou a representar o terrível não ser no núcleo desse alguém. É essa carência dolorida que a pessoa procura preencher com fetiches, ideais morais, fantasias de pureza, o desejo maníaco, o Estado absoluto, a figura fálica do Führer. Nisso o nazismo se parece com outros tipos de fundamentalismo. O gozo obsceno de destruir o Outro se torna a única forma de se convencer de que você ainda existe. O não ser no centro da própria identidade da pessoa é, entre outras coisas, um prenúncio da morte; e uma maneira de se defender do medo da mortalidade humana é eliminar aqueles que encarnam esse trauma em si mesmos. Dessa forma, você demonstra que tem autoridade sobre o único antagonista – a morte – que não pode ser derrotado, nem mesmo teoricamente.

O poder detesta a fraqueza porque ela lhe recorda sua própria fragilidade secreta. Para os nazistas, os judeus eram uma espécie de insignificância ou excrescência viscosa, um sinal obsceno da mais extrema e vergonhosa vulnerabilidade da humanidade. Era isso que tinha de ser aniquilado para que a própria integridade da existência dos nazistas fosse preservada. Para o filósofo Otto Weininger, são as mulheres que encarnam uma espécie de não existência assustadora. Sua sedução dos homens, ele argumenta em *Sex and Character* [Sexo e caráter], representa o desejo infinito do Nada por Algo. No entanto, como eliminamos o nada? E como é possível saber se fomos bem-sucedidos? Não é absurdamente contraproducente imaginar que possamos suprimir o medo do nada dentro de nós criando ainda mais daquilo ao nosso redor? A verdade é que o não ser não pode ser destruído, motivo pelo qual o Terceiro Reich teria tido de existir realmente por pelo menos mil anos, se não por toda a eternidade. É por isso também que o inferno, na mitologia popular, dura para sempre. Existem sempre mais coisas materiais repulsivas a serem erradicadas – sempre uma pureza mais refinada e mais perfeita a ser alcançada. Matar cada judeu do planeta era uma proposta atraente para os nazistas por diversos motivos, mas um deles reside em sua perfeição estética. Existe um prazer diabólico que se obtém da ideia de destruição absoluta. Falhas, pendências e aproximações grosseiras são coisas que o mal não consegue suportar. Esse é um dos motivos pelos quais ele tem uma afinidade natural com a mente burocrática. A bondade, por outro lado, está apaixonada pela natureza variegada e inacabada das coisas.

No entanto, já vimos como o mal apresenta duas faces diferentes aqui, exemplificadas, acima de tudo, pelos nazistas. Por um lado, é uma espécie de insidiosa inadequação à vida; por outro, é exatamente o oposto – uma geração monstruosa de matéria inútil. Para a ideologia nazista, os judeus e as outras vítimas significavam ambas ao mesmo tempo. Por um lado, eles representavam uma carência de vida – que, como vimos, ameaçava evocar o pavor que os nazistas tinham da sua própria insignificância essencial. Por outro, os judeus representavam a matéria inútil, uma pura escória subumana. Como tal, eles constituíam uma ameaça ao aspecto "angelical" do nazismo, ao seu desejo de ordem e idealismo. Por maior que fosse o número de judeus massacrados, por mais que se insistisse na disciplina e na autoridade, sempre sobraria um pouco desse excremento humano para manchar os nobres projetos nazistas. Como Milan Kundera escreve em *O livro do riso e do esquecimento*, "A morte tem duas faces. Uma é o não ser; a outra é o ser material horripilante que é o cadáver". A morte é tanto uma falta de ser como um excesso dele. Ela é prodigiosamente significativa, mas também tão vazia como uma página em branco.

O que essas duas dimensões do mal têm em comum é a aversão à impureza. Por um lado, podemos considerar a impureza como o lodo nauseante da negatividade – nesse caso, a pureza se encontra na plenitude angelical do ser. Por outro, a impureza pode ser considerada como o excesso obscenamente protuberante do mundo material, depois de ele ter sido privado de sentido e valor. Comparado a

Sobre o mal

isso, é o não ser que significa pureza. Os nazistas oscilavam sempre entre essas duas posturas. Eles guinavam entre o angelical e o demoníaco – entre rejeitar o caos e se refestelar nele. Quanto a esta última, temos o testemunho do teólogo alemão Karl Jaspers, escrevendo na escuridão do nazismo, que menciona o seu "prazer em atividades sem sentido, em torturar e ser torturado, no extermínio como um fim em si mesmo, no ódio feroz contra o mundo e o homem completado pelo ódio feroz contra a sua própria existência desprezada".[7] Seria difícil encontrar um resumo mais incisivo do diabólico. O mal é um enigma ou uma contradição, e é por isso que o fingimento das bruxas de *Macbeth* tem um duplo sentido. Ele é sóbrio, mas também é libertino. É espiritualmente elevado, mas também corrosivamente cínico. Implica uma supervalorização megalomaníaca do eu, e uma desvalorização igualmente patológica dele.

Retomemos, então, a questão de saber se o mal deve ser encarado como uma espécie de maldade sem sentido ou não pragmática. De certo modo, a resposta seguramente é sim. O mal não está preocupado principalmente com consequências práticas. Como o psicanalista francês André Green escreve, "O mal não tem 'motivo' porque sua razão de existir é proclamar que tudo que existe não tem sentido, não obedece a nenhuma ordem, não persegue nenhum objetivo, e só depende do poder que ele pode exercer para impor a sua vontade aos objetos de seu desejo".[8] Não é uma descrição incorreta de Pinkie ou de Pincher Martin. No entanto, os maus têm, sim, um tipo de propósito. Pode parecer que eles destroem por pura diversão, mas esta não é toda a verdade. Já vimos que eles castigam violentamente aqueles que representam uma ameaça à sua própria identidade. Mas eles também destroem e sabotam para atenuar o conflito infernal em que foram envolvidos, o qual examinaremos melhor mais adiante. As pessoas más sofrem e, a exemplo de muitas pessoas que sofrem, elas

---

7 Jaspers, *Tragedy Is Not Enough*, p.101.
8 Citado por Dews, *The Idea of Evil*, p.133.

recorrem a medidas extremas para encontrar alívio. Esses, portanto, são um tipo de motivo, mesmo que não sejam da mesma natureza do massacre de camponeses por suas ideias contrarrevolucionárias. Nesse sentido, então, até mesmo o mal contém um tipo macabro de racionalidade.

É verdade que podemos recuar um degrau na questão e perguntar *por que* alguém deveria se apegar à sua identidade. Nem sempre existe um motivo prático obrigatório para fazê-lo. Na verdade, em termos práticos, eu posso muito bem estar melhor sendo outra pessoa. Penso em Mick Jagger. Você pode alegar, como os nazistas alegavam, que a sua identidade é infinitamente superior à dos outros – de modo que, se essa raça superior afundasse, muita coisa valiosa afundaria junto com ela. Mas não é difícil perceber que isso de fato é uma forma de racionalizar o impulso patológico à autoidentidade revelado pelos nazistas. E pode-se argumentar que esta era simplesmente uma versão mais lúgubre e letal da nossa própria compulsão comum a persistir naquilo que somos.

Não existe nenhum motivo pelo qual devemos querer continuar a ser argelinos, trapezistas ou veganos anglo-católicos. Na verdade, há momentos em que queremos persistir numa identidade pela qual não temos um apreço especial. O que ocorre, simplesmente, é que o ego tem um impulso embutido para manter-se intacto. Percebe-se, portanto, por que é tão ambígua a questão de saber se o mal é funcional ou não. O mal é perpetrado em nome de outra coisa, e, nessa medida, tem um propósito; mas essa outra coisa não tem, ela mesma, um objetivo. Iago mata Otelo em parte porque o considera uma enorme ameaça à sua própria identidade; mas por que isso deveria ser um motivo suficiente para matá-lo é algo que continua incompreensível. Mesmo assim, as ações de Iago são suficientemente deliberadas – razão pela qual não corresponde inteiramente à verdade dizer que o mal é feito como um fim em si mesmo. Em vez disso, ele é uma ação deliberada feita em nome de uma condição que não é, ela mesma, intencional. Uma vez mais, uma de suas analogias mais próximas seria um jogo.

Na verdade, qualquer atividade intencional, se você recuar bastante, acaba estando a serviço de um estado de coisas não intencional. Por que ela correu para pegar o ônibus? Porque precisava chegar à farmácia antes que ela fechasse. Por que ela precisava fazer isso? Para comprar pasta de dente. Por que ela precisava de pasta de dente? Para escovar os dentes. Por que escovar os dentes? Para permanecer saudável. Por que permanecer saudável? Para continuar aproveitando a vida. Mas o que existe de tão valioso numa vida agradável? Este não é um valor compartilhado por Pinkie. Nesse caso, como diria Ludwig Wittgenstein, a pá da pessoa chega ao fundo do poço. As razões, como ele observa em *Investigações filosóficas*, têm de chegar a um fim em algum lugar. Só crianças de cinco anos de idade, com seu implacável questionamento metafísico, não conseguem aceitar isso.

No estudo *Ethics, Evil, and Fiction* [Ética, mal e ficção], o filósofo Colin McGinn chama a atenção para o fato de que o sádico valoriza a dor como um fim em si mesmo, razão pela qual ele cria o máximo possível de dor infligindo-a aos outros. O sádico não considera que a dor serve a um propósito específico, como os sargentos-mores e provavelmente o duque de Edimburgo tendem a achar. McGinn considera que existem tipos de mal que de fato têm um propósito. Mas também existe um tipo de mal "primitivo" que é absolutamente não motivado, e que não admite maiores explicações. O que acontece, como McGinn observa, é que algumas pessoas são "fisgadas" desse jeito. Um motivo pelo qual ele precisa recorrer a essa expressão um pouco medíocre é que, por ser um filósofo anglo-saxão ortodoxo, ele não compactua com mistérios do continente europeu como a psicanálise. (A mesma omissão o induz a propor algumas soluções surpreendentemente implausíveis para combater o mal.) Se McGinn estivesse disposto a pagar sua dívida com essas ideias, ele poderia perceber que o mal não é apenas um tipo antigo de sadismo. Ele é o tipo de crueldade que procura aliviar uma terrível carência interior. E, nessa medida, mesmo o mal "primitivo" não é inteiramente sem motivo.

O gozo obsceno

Na verdade, em outra passagem do livro McGinn apresenta um excelente argumento que ameaça enfraquecer sua própria conjectura a respeito da gratuidade do mal. Ele ressalta que o sofrimento intenso corrói o valor da vida humana. Para quem está angustiado, a vida se tornou um fardo intolerável que deve ser descartado. Muitas pessoas que sentem uma dor intensa prefeririam estar mortas. E alguns daqueles que estão mortos espiritualmente se alegram ao presenciar esse suplício, porque ele confirma seu próprio desprezo ascético pela vida humana. Portanto, seu prazer com as desgraças alheias tem um motivo. (Do mesmo modo, ficar magoado com o sucesso alheio [isto é, sentir inveja] tem sua razão, já que as realizações dos outros contrastam, de forma humilhante, com nossos próprios fracassos.) Existe um tipo de sádico que faz os outros gritarem de dor para transformá-los numa parte da sua própria natureza niilista. O mal traz um falso consolo às pessoas angustiadas ao murmurar em seu ouvido que, de qualquer maneira, a vida não tem valor. Seu inimigo, como sempre, não é tanto a virtude como a própria vida. Se ele cospe na cara da virtude é porque, como estavam cientes Aristóteles e Tomás de Aquino, a virtude é, de longe, o modo de vida mais pleno e mais profundamente prazeroso.

No grande monumento à melancolia humana *O mundo como vontade e representação*, o filósofo do século XIX Arthur Schopenhauer diferenciou entre o que ele chamava de bem, de ruim e de mal. Ações ruins, para ele, eram as ações egoístas; mas ações más não se encaixavam nessa categoria. Elas não eram apenas manifestações de egoísmo insensível ou de autointeresse exagerado. Por mal, Schopenhauer queria dizer mais ou menos o que eu venho querendo dizer com o termo. Ele considerava que as ações más eram motivadas pela necessidade de obter alívio do sofrimento interno causado pelo que ele chamava de Vontade; e esse alívio deveria ser obtido infligindo aquele sofrimento aos outros. No linguajar psicanalítico, o mal é, portanto, uma forma de projeção.

Para Schopenhauer, a Vontade é uma pulsão maligna que se encontra bem no âmago do nosso ser, mas que é insensivelmente indiferente ao nosso bem-estar pessoal. Ela ordena o sofrimento sem motivo. Na verdade, ela não tem nenhum objetivo em vista senão sua própria autorreprodução inútil. Os homens e as mulheres sob o domínio dessa força, escreve Schopenhauer, sentem uma gratificação depois da outra desejando, de modo que, "quando finalmente todos os desejos se esgotam, a pressão da Vontade ainda continua, mesmo sem nenhum motivo identificado, e se faz presente, com um sofrimento terrível, como um sentimento da mais horrível desolação e nulidade".[9] Só quando deixamos de desejar algo em particular é que somos esmagados pela angústia absoluta do desejo em si, do desejo em seu estado mais puro.

Sigmund Freud, que foi muito influenciado por Schopenhauer, redefiniu essa força malignamente sádica como a pulsão de morte. Sua originalidade, porém, foi afirmar que consideramos que essa força vingativa é simultaneamente aprazível e fatal. *Eros* e *Thanatos*, o amor e a morte, estão, na opinião de Freud, intimamente ligados. Ambos, por exemplo, implicam a capitulação do eu. Atacado brutalmente pelo superego, assolado pelo id e bombardeado pelo mundo exterior, o ego prostrado e ferido se apaixona, compreensivelmente, por sua própria destruição. Como um animal gravemente mutilado, ele percebe que a sua única proteção definitiva é se arrastar para a morte. Só voltando ao estado inanimado de onde partiu ele consegue parar de sofrer. É uma condição com a qual a arte literária está há muito familiarizada. Apagar-se à meia-noite sem dor, como escreve Keats, é, nas palavras de Hamlet, uma meta a ser ardentemente desejada. No final do grande romance de Thomas Mann, *Os Buddenbrook*, o moribundo Thomas Buddenbrook percebe que "A morte era uma felicidade, tão profunda que só se deixava medir em momentos abençoados como este. Era o regresso de uma caminhada penosa através

---

9 Schopenhauer, *The World as Will and Idea*, v.1, p.364 (tradução corrigida).

dum labirinto, era a emenda duma falta grave, a libertação dos mais repugnantes entraves e barreiras; reparava um acidente lamentável".

Este, então, é o verdadeiro escândalo da psicanálise – não a sexualidade infantil, que foi reconhecida há muito tempo (sobretudo pelas crianças), mas a sugestão de que os seres humanos desejam inconscientemente sua própria morte. No centro do eu existe um impulso para o nada absoluto. Existe aquilo dentro de nós que clama perversamente por nossa própria ruína. Para nos preservarmos do trauma conhecido como existência, estamos dispostos até mesmo a aceitar nosso próprio desaparecimento.

Aqueles que caem sob o domínio da pulsão de morte experimentam a sensação extática de libertação que brota da ideia de que nada realmente importa. O prazer do condenado é não dar a mínima. Mesmo o autointeresse é deixado de lado – pois os condenados estão, do seu jeito pervertido, totalmente desinteressados, ávidos que estão em provocar sua própria ruína, junto com o resto da criação. A pulsão de morte é uma revolta delirantemente orgiástica contra o interesse, o valor, o significado e a racionalidade. É um desejo insano de destruir suas possiblidades em nome de absolutamente nada. Ela não respeita nem o princípio de prazer nem o princípio de realidade, os quais está disposta a sacrificar alegremente pelo som obscenamente gratificante do mundo inteiro ruindo ao seu redor.

Para Freud, a pulsão de morte está ligada ao superego, a faculdade da consciência moral que nos censura por nossas transgressões. Na verdade, Freud descreve o superego como "uma pura cultura do instinto de morte". Ao nos punir por nossas transgressões, esse poder repreensivo fomenta em nós uma cultura letal de culpa. Uma vez que (por sermos criaturas masoquistas) nós também nos alegramos com as repreensões do superego, podemos chegar a afagar nossas algemas, encontrando uma fonte de prazer perversa em nossa própria culpa. E isso faz que nos sintamos ainda mais culpados. Essa culpa excedente traz então o terrorismo magnânimo do superego sobre a nossa cabeça com uma força vingativa ainda maior, com o resultado

Sobre o mal

de que nos sentimos ainda mais culpados e, portanto, ainda mais gratificados, e assim por diante. Ficamos presos num ciclo vicioso de culpa e transgressão, ou de Lei e desejo. Quanto mais tentamos aplacar essa Lei impiedosa, mais tendemos a nos destruir. Num caso extremo, esse impasse pode nos lançar no que Freud chama de melancolia, ou aquilo que chamaríamos hoje de depressão clínica aguda. E isso, na pior das hipóteses, pode resultar na extinção do ego pelo suicídio. Toda renúncia à satisfação dos instintos fortalece a autoridade do superego, reforça seu ressentimento doentio e, portanto, agrava a nossa culpa. Essa capacidade de vingança se alimenta dos próprios desejos que ela proíbe. Além disso, devido a uma ironia amarga peculiar, a Lei que pune as nossas transgressões também as provoca. Para começo de conversa, sem as proibições paranoicas do superego não teríamos consciência do crime e da culpa. Como São Paulo escreve na epístola aos Romanos: "Mas eu não teria conhecido o pecado, senão por intermédio da lei... E o mandamento que me fora para vida, verifiquei que este mesmo se me tornou para morte". Se preferirem, essa é a versão freudiana de pecado original. Para Paulo, esse círculo vicioso só pode ser rompido transformando a Lei da censura e da condenação na Lei do amor e do perdão.

Assim como Freud afirmava que os sonhos eram o caminho privilegiado para o inconsciente, uma das formas mais confiáveis de acessar a pulsão de morte é o vício. Considerem, por exemplo, o caso de um alcoólatra no auge de uma bebedeira. Se é tão difícil para ele deixar a bebida, não é porque ele aprecia o seu gosto. Na verdade, seu gosto provavelmente o deixa indiferente. É porque a bebida preenche uma ferida ou uma brecha em seu interior. Ao preencher esse vazio insuportável, ela funciona como uma espécie de fetiche, como Desdêmona faz em relação a Otelo. Mas também é difícil deixar a bebida porque o alcoólatra está viciado em sua própria destruição. E isso acontece porque ela é uma poderosa fonte de prazer. É por esse motivo que ele continua bebendo, mesmo quando esgotou toda a energia do corpo e se sente, como eles dizem, como se estivesse morto. O prazer é inseparável da autodestruição. A pulsão de morte não se contenta apenas em assistir à nossa dilaceração. Com uma insolência descarada, ela exige que desfrutemos do processo enquanto participamos dele. Ela quer que sejamos pervertidos e também suicidas. O ladrão não viola a lei por diversão. Ele o faz para se enriquecer. Mas quando o jovem Santo Agostinho roubou frutas de um pomar, o que o "atraiu foi o furto em si, o pecado... Para fazer o mal gratuitamente, não tendo minha maldade outra razão que a própria maldade. Era hedionda, e eu a amei; amei minha morte, amei meu pecado; não o objeto que me fazia cair, mas minha própria queda... não buscando na ignomínia senão a própria ignomínia".[10] Mais adiante no livro, Agostinho escreve que aqueles que se regozijam com a própria malvadez sentem "um prazer funesto ou uma mísera felicidade".[11] É a sua forma de descrever o que em nossa própria época tem sido chamado de prazer obsceno. Os condenados são aqueles que se comprometem firmemente com a Lei porque amam o ato de violá--la. Toda vez que eles saem da linha, trazem seu furor sádico sobre as suas cabeças. É tão certo que eles agem assim como é certo que um alcoólatra espreme as últimas gotas desafiadoras de prazer da garrafa, com a consciência terrível de que isso provocará nele o mais pavoroso estado de colapso físico e mental.

Só através desse processo assustador é que o alcoólatra pode se sentir vivo – ou pelo menos desfrutar do tipo de existência decadente e infeliz, suspenso entre a vida e a morte, que a bebida produz nele. A bebida é a única parte dele que não está totalmente morta, razão pela qual ele precisa se agarrar a ela como um náufrago a uma prancha. Se ele soltasse a mão por um instante, como Pincher Martin em seu rochedo, então poderia ter de morrer de verdade – ou seja, enfrentar a possibilidade horripilante de ter de abandonar seu vício e renascer. É a sua dissolução que o mantém em funcionamento. Quanto mais ele bebe, mais

---

10 Agostinho, *The Confessions of St. Augustine*, p.61-2.
11 Ibid., p.72.

Sobre o mal

pode encenar uma terrível paródia de estar vivo; e, portanto, mais pode adiar o momento em que entra num sofrimento agonizante, à medida que o álcool destrói seu corpo como a Vontade angustiante de Schopenhauer. Como salienta Søren Kierkegaard, "Como um bêbado se mantém constantemente embriagado dia após dia, com medo de parar e com medo do sofrimento mental que se seguiria, além das possíveis consequências se ele um dia ficasse realmente sóbrio, o mesmo acontece com o demoníaco... Só permanecendo em pecado é que ele continua sendo ele mesmo".[12] Quanto um alcoólatra quer beber? A resposta é: uma quantidade infinita. Se ao menos seu corpo mortal não atrapalhasse, ele beberia por toda a eternidade. Sua paixão pelo álcool é assustadoramente e completamente inesgotável. Ela consegue sobreviver a inúmeras coronárias, transplantes de fígado, surtos epiléticos e alucinações pavorosas. Do mesmo modo que para Freud a pulsão de morte tem algo de inextinguível – que, como os nazistas, elimina cada vez mais matéria e, no entanto, não consegue se fartar –, assim também a bebida, para o alcoólatra, não é, de modo algum, uma entidade finita. Como o próprio desejo, sempre existe mais no lugar de onde ela veio.

E assim como, para a psicanálise, o desejo não é nada pessoal, e sim uma rede anônima na qual somos inseridos ao nascer, o impulso à destruição é puramente formal, absolutamente impessoal e implacavelmente cruel. Para Freud, existe algo no núcleo do ego que não tem a mínima preocupação conosco. É o oposto da visão de Tomás de Aquino, para quem também existe uma força absolutamente estranha que nos faz o que somos, mas que se preocupa conosco mais do que nós mesmos.

Assim como não quer sangrar até a morte, o alcoólatra não quer beber. Não é uma questão de querer. Não existe nada minimamente subjetivo nisso. Como as palavras, uma dose leva a outra, e esta a uma outra. Assim como não existe uma última palavra, não existe

---

12 Kierkegaard, *The Sickness unto Death*, p.141.

uma última dose. A ideia de que esse impulso desvairado poderia se satisfazer com algo definido – digamos, seis doses, ou até mesmo seiscentas – é absurda. O alcoólatra está nas garras de um desejo faustiano que almeja engolir o mundo inteiro, e nada irá impedi-lo. Não é que ele tem pouca vontade, mas que ele tem uma quantidade horripilante e infinita de vontade. Ele não é um farrista que chafurda na busca lasciva por vinho, mulheres e canções. Pelo contrário, para ele a bebida representa uma recusa inflexível da carne. Ela é tão antimundana como a vida monástica. Ela está mais ou menos tão distante de uma orgia das bacanálias como a mensagem de Natal da Rainha. Sempre existe, é claro, uma possibilidade de redenção – de escolher a vida e não a morte; mas mesmo no caso raro de uma decisão como essa, permanece a possibilidade de se entregar ao inferno uma vez mais.

A pulsão de morte representa uma espécie de eternidade dentro do tempo, uma forma de morte em vida. Como o mal, ela não se submete a um limite espacial ou temporal. Na expressão de Hegel, ela representa uma espécie de eternidade "ruim". Podemos compará-la com a eternidade "boa" daquilo que São Paulo chama de graça, ou misericórdia. Assim como o desejo, a misericórdia também não tem objetivo. Existe um tipo ruim de morte em vida que é a existência vampiresca dos mortos-vivos. É o mundo terrivelmente sombrio daqueles que, a exemplo do alcoólatra e do Pinkie de Graham Greene, só podem ser induzidos a viver se sentirem o gosto da morte na língua. Mas também existe um tipo saudável de morte em vida, que é a "morte" de se entregar como um presente para os outros. É isso que os condenados não conseguem fazer. Para eles, o ego é valioso demais para ser dado de presente. Como ressalta Kierkegaard, "O tormento do desespero é justamente a incapacidade de morrer".[13] Em certo sentido, afirma Kierkegaard, os desesperados realmente querem morrer: "Longe de servir de consolo ao desesperado que o desespero não o consuma, ao contrário, esse consolo é justamente o que

---

13 Ibid., p.48.

Sobre o mal

o atormenta; é essa mesma coisa que mantém a dor viva e a vida na dor. Pois aquilo... que o desespera é justamente isto: que ele não pode se consumir, não pode se tornar nada... o que ele não pode suportar é não poder se livrar de si mesmo".[14] Os desesperados se opõem a si mesmos. Eles querem morrer para escapar da sua situação infeliz, mas sofrem nas garras de uma pulsão que perversamente os mantém com vida. Se não podem morrer, é porque, como Pincher Martin, eles têm mais medo do nada – do abandono completo do ego – do que da sua angústia profunda. Como escreve Friedrich Nietzsche, o homem prefere desejar qualquer coisa a não desejar nada. Para Kierkegaard, essa então é a única doença que não pode ser curada pela morte – pois a própria doença consiste justamente em ser incapaz de morrer.

O alcoólatra, portanto, está desesperado. Ele está num eterno circuito de desejo ardente e autorrepugnância do qual parece não haver saída. Metaforicamente falando, ele vive numa espécie de inferno. Um dos grandes bêbados da literatura mundial, Geoffrey Firmin, do romance *Debaixo do vulcão*, de Malcolm Lowry, tem justamente este *insight* terrível: "Subitamente ele sentiu algo que jamais sentira com uma certeza tão perturbadora: ele próprio estava no inferno". Mas o alcoólatra não tem o menor interesse em abandonar essa região infernal, pois, como vimos, a sua angústia é a única coisa que o mantém vivo. Seu temor é que, sem ela, ele estaria de fato morto. Portanto, a barreira para a liberdade e a felicidade é ele mesmo. O viciado é alguém que se tornou um obstáculo intransponível para o seu próprio bem-estar. E essa é uma maneira pela qual ele se parece com o perverso. Preso firmemente nas garras da pulsão de morte, os condenados se deliciam com seus próprios tormentos, bem como com o sofrimento daqueles que eles atacam, já que a única alternativa à aniquilação é se apegar à sua agonia. Eles são os apavorados e ansiosos que não conseguem perceber como seria simples se soltar. Eles estão dispostos a desejar o diabólico e o monstruoso, o repulsivo e o

---

14 Ibid., p.48-9.

excrementício, contanto que esse seja o preço para se sentir vivo. Eles cospem na cara da salvação porque ela os privaria da terrível gratificação, que é tudo que lhes resta da vida humana.

Duas citações podem ilustrar o assunto. A primeira, mais uma vez, é de Kierkegaard, que reconhece que os desesperados são arrogantes bem como autodestrutivos:

> [O desespero] pretende-o, por ódio à existência e segundo a sua miséria; e a esse eu, nem sequer é por revolta ou desafio que se apega, mas para comprometer Deus; não quer arrancá-lo pela violência ao poder que o criou, mas impor-lho, especá-lo contra ele satanicamente... e a coisa é compreensível, uma objeção verdadeiramente maldosa ergue-se sempre violentamente contra o que a suscitou! Precisamente por causa da sua revolta contra a existência, o desesperado gaba-se de possuir uma prova contra ela e contra a sua bondade. Julga ser ele próprio essa prova, e, visto querer sê-la, quer portanto ser ele próprio – sim, com o seu tormento! – para, por meio desse próprio tormento, protestar toda a vida. Ao passo que o desespero-fraqueza foge à consolação que seria para ele a eternidade, o nosso desesperado demoníaco também não quer saber dela para nada, mas por motivo diferente: essa consolação perdê-lo-ia.[15]

Os condenados se recusam a ser salvos, já que isso os privaria da sua revolta adolescente contra o conjunto da realidade. O mal é uma espécie de rancor cósmico. Ele atormenta com mais violência aqueles que ameaçam retirar dele a sua mesquinharia insuportável. Só persistindo com a sua fúria e proclamando-a de modo teatral para o mundo o mal consegue oferecer uma prova condenatória da falência da existência. Ele é a testemunha viva da insensatez da criação. Se deseja continuar ele mesmo para todo o sempre, rejeitando a morte como uma afronta insuportável ao seu amor-próprio, não é apenas porque se considera valioso demais para morrer. É também porque a sua

---

15 Ibid., p.105.

Sobre o mal

saída de cena tiraria o cosmo de uma situação difícil. As pessoas poderiam, então, confundi-lo com um lugar agradável, engolindo ingenuamente a propaganda sentimental do seu Criador. Como vimos, porém, parte da ira dos condenados se deve ao fato de eles se saberem parasitas da bondade, como o rebelde depende da autoridade que ele rejeita. Eles são obcecados com a virtude que desprezam e, portanto, são o contrário dos tipos religiosos que só pensam em sexo. Como escreve Kierkegaard, eles querem "se agarrar a [esse poder] por maldade", fustigando-o e atormentando-o continuamente, como um velho rabugento teimoso que se recusa a morrer porque tem prazer em ser uma irritação constante para a esposa paciente.

A segunda citação vem do padre Zosima, o monge santo de *Os irmãos Karamázov*, de Dostoiévski. Os satânicos, ele assevera, "quereriam que Deus se aniquilasse, ele e toda a sua criação. E arderão eternamente no fogo da sua cólera, terão sede da morte e do nada. Mas a morte fugirá deles". Se dizem que o inferno é eterno, é porque suas chamas se alimentam delas mesmas, um pouco como a maldade e o rancor fazem. O fogo do inferno não pode ser extinto, tal como uma raiva que insiste em se renovar. Uma fúria que não se volta apenas contra isto ou aquilo, mas contra o próprio fato da existência, está destinada a não ter limite. Os perversos querem que Deus e seu mundo cometam suicídio, para que eles próprios possam reinar soberanos no vazio que restou. Mas enquanto ansiarem pelo não ser, esse vácuo não poderá existir, pois esse anseio é, ele mesmo, um sinal de vida. Este é outro aspecto da natureza autofrustrante do mal. O próprio desejo de não existir mantém o niilista vivo. A revolta contra a criação faz parte da criação. É por isso, como ressalta o padre Zosima, que os condenados anseiam morrer, mas são incapazes de fazê-lo. O que lhes falta é a sabedoria interior que poderia permitir que eles morressem de verdade. Por serem meras paródias dos seres humanos, lhes faltam os recursos para renunciar a si mesmos na esperança de que poderiam renascer. Eles se orgulham de serem despejados do mundo; mas se livrar de suas identidades seria perder o ego responsável pelo despejo.

O gozo obsceno

De todo modo, existem maneiras boas e más de recusar o mundo. Se existe o caminho do niilista, também existe a ação do revolucionário. Elas nem sempre são fáceis de diferenciar. Rupert Birkin, o herói do romance *Mulheres apaixonadas*, de D. H. Lawrence, quer renunciar ao presente para dar espaço a um futuro transformado; mas é difícil não desconfiar que ele está exasperado com a realidade material em si, não apenas com a versão histórica específica com a qual se defronta. Nesse sentido, ele é, ao mesmo tempo, o aliado e o antagonista de Gerald Crich, um personagem que só se mantém de pé à custa de uma vontade férrea, e que desmoronaria se ela perdesse o vigor.

É claro que os alcoólatras não são perversos. A dipsomania está muito longe de ser algo diabólico. O mal só entra em cena quando aqueles que estão passando pelo que poderíamos chamar de dor ontológica a desviam para os outros como uma forma de fugir de si mesmos. É como se eles pretendessem rasgar os corpos dos outros para expor o vazio que se esconde dentro deles. Ao fazê-lo, eles podem encontrar nesse vácuo um reflexo reconfortante de si mesmos. Ao mesmo tempo, podem demonstrar que a matéria não é indestrutível. Massas disformes da matéria conhecida como corpo humano podem ser excluídas da existência com as próprias mãos. O espantoso é que as pessoas que estão mortas estão inteira, total e absolutamente mortas. Quanto a isso, não há a menor dúvida. Portanto, ao menos uma espécie de absoluto sobrevive num mundo assustadoramente provisório. Matar outras pessoas, como Raskolnikov talvez queira provar em *Crime e castigo*, de Dostoiévski, mostra que atos absolutos são possíveis mesmo num mundo de relativismo moral, espeluncas de *fast food* e *reality shows*. Como o fundamentalismo religioso, o mal é, entre outras coisas, uma saudade de uma cultura mais antiga e mais simples, na qual havia certezas como salvação e condenação, e onde cada um sabia o seu lugar. O Pinker de Greene é um moralista puritano e antiquado precisamente nesse sentido. Curiosamente, o mal é um protesto contra a degradação da vida moderna. O diabo é um reacionário de primeira que considera a vida moderna repugnante. Ela não

Sobre o mal

tem nem a profundidade suficiente para ser detestável. O objetivo dele é introduzir algo um pouco mais espiritualmente exótico nela. Ao recusar o espírito de utilidade, o mal também apresenta um traço sedutor de radicalismo, já que a utilidade está na origem do nosso tipo de cultura. Ao contrário dos agentes imobiliários e dos contadores juramentados, o mal não acredita que a única coisa que importa são os resultados práticos. Ele procura reintroduzir a ideia de Deus numa cultura cética e racionalista, já que matar é exercer um poder divino sobre os outros. O assassinato é a forma mais poderosa de privar Deus do monopólio sobre a vida humana.

No entanto, a ideia de que o mal é glamuroso é um dos maiores equívocos morais da era moderna. (Quando contei ao meu filho jovem que estava escrevendo um livro sobre o mal, ele replicou: "Excelente!".) Escrevi em outro lugar sobre como esse equívoco pode ter surgido.[16] Quando a classe média passa a cuidar da virtude, até mesmo o vício começa a parecer atraente. Quando os propagandistas puritanos e os moleiros evangélicos redefinem a virtude como parcimônia, prudência, castidade, abstinência, sobriedade, humildade, frugalidade, obediência e autocontrole, não é difícil perceber por que o mal começa a parecer uma opção mais excitante. Como no caso da música magnífica de Adrian Leverkühn, o diabo parece dispor das melhores canções. A virtude suburbana é uma pobre coitada comparada ao vício satânico. Todos nós preferiríamos tomar um drinque com o Fagin de Dickens ou o Heathcliff de Emily Brontë em vez de bater um papo com o Deus de *Paraíso perdido* de John Milton, que fala como um funcionário público com prisão de ventre. Todo mundo adora um malandro.

Mas será que adora mesmo? Talvez seja mais correto dizer que todo mundo adora um malandro charmoso. Admiramos gente que desafia a autoridade, mas não estupradores ou empresários estelionatários. Temos uma simpatia secreta por quem rouba saleiros do Hotel

---

16 Ver Eagleton, *Holy Terror*, p.57.

Savoy, mas não por fundamentalistas islâmicos que esquartejam as pessoas. É verdade que a maioria dos leitores gosta do Satanás de *Paraíso perdido*, com seu desafio veemente e destruidor do Todo-poderoso. Mas gostamos dele basicamente por suas qualidades mais positivas (coragem, resiliência, determinação, e assim por diante) do que por algo especificamente perverso nele. Na verdade, existe muito pouco de especificamente perverso nele. Oferecer uma maçã a Adão e Eva não é, a nossos olhos, a transgressão mais terrível do mundo.

No momento em que a cultura de classe média chega a sua fase pós-moderna, porém, a transgressão vira moda. Nos círculos pós-modernos, a própria palavra é quase sempre usada de maneira positiva, mesmo que ela inclua estrangular bebês e enfiar uma machadinha na cabeça dos outros. No entanto, para transgredir de verdade é preciso acreditar que as convenções contra as quais lutamos têm alguma força. Portanto, quando a própria transgressão se torna a norma, ela deixa de ser subversiva. Talvez seja isso que o psicanalista Jacques Lacan tinha em mente quando observou, do seu jeito enigmático, que, se Deus está morto, nada é permitido. Pois a permissão pressupõe uma autoridade que pode conceder uma autorização; e se essa autoridade não funciona mais, a ideia de permissão está destinada a perder a força. Na era da "permissividade", quem dá permissão? Conceder permissão pressupõe a possibilidade de negá-la; e, em alguns círculos contemporâneos, a simples ideia disso seria impensável.

A sensibilidade desgastada da cultura pós-moderna não consegue mais encontrar muito valor de choque na sexualidade. Então ela se volta para o mal, ou, pelo menos, para aquilo que imagina sinceramente ser o mal: vampiros, múmias, zumbis, cadáveres putrefatos, risadas loucas, crianças diabólicas, papel de parede que sangra, vômito de várias cores, e assim por diante. Naturalmente, não existe nada de mal nisso tudo; trata-se apenas de coisas repelentes. Por isso, estão sujeitas à acusação que o romancista Henry James, ainda que de maneira questionável, lançou contra a poesia de Charles Baudelaire: "O mal para ele começa do lado de fora e não do lado de dentro,

Sobre o mal

e se compõe principalmente de um cenário lúgubre e uma mobília suja... O mal é representado como uma questão de sangue, podridão e doença física... é preciso haver cadáveres fétidos, prostitutas famintas e frascos vazios de láudano para que o poeta fique realmente inspirado".[17] Nesse caso, o mal é apenas um gesto teatral banal. Por outro lado, no próprio texto de James é possível detectar um indício de perversão, digamos, no fato de que um cavalheiro encontrado sozinho num quarto com uma dama que não é sua esposa está sentado enquanto ela está de pé.

Sociedades "angelicais" são aquelas cujas opiniões políticas são pouco mais que um conjunto de técnicas administrativas destinadas a manter os cidadãos felizes. Por isso, é provável que elas produzam o demoníaco como uma reação contra a sua própria sensaboria. Na verdade, não apenas o demoníaco, mas todo tipo de alternativa a elas mesmas, do culto às celebridades e o fundamentalismo religioso ao satanismo e às enganações da Nova Era. As sociedades que privam as pessoas de um sentido satisfatório tendem a delegar a produção desse sentido a atividades caseiras como a astrologia e a cabala. Inúmeras formas de transcendência "para viagem" estão disponíveis por uma ninharia. Quanto mais tediosamente angelicais nossos regimes oficiais se tornam, mais produzem um niilismo estúpido. Um excesso de significado leva ao seu empobrecimento. E quanto mais fútil e anárquica a vida social se torna, mais as ideologias angelicais, cheias de uma conversa piedosa com a mão no peito a respeito de Deus e da grandeza nacional, são necessárias para conter a discordância e a ruptura a que isso pode levar.

Tradicionalmente, o mal não é considerado atraente, mas extremamente monótono. Kierkegaard se refere ao demoníaco em *O conceito de angústia* como "o sem conteúdo, o enfadonho". Como certa arte moderna, ele é apenas forma, sem nenhuma essência. Hannah Arendt, escrevendo sobre a banalidade pequeno-burguesa de Adolf

---

17 *Henry James: Selected Literary Criticism*, p.56.

Eichmann, considera que ele não tinha nem profundidade nem qualquer dimensão demoníaca. Mas e se o demoníaco se parecer justamente com essa falta de profundidade? E se ele se parecer mais com um funcionário público irrelevante do que com um tirano extravagante? O mal é enfadonho porque não tem vida. Seu fascínio sedutor é absolutamente superficial. Pode haver um rubor febril em seu rosto, porém, como no caso dos personagens de *A montanha mágica* de Mann, é o brilho enganoso dos enfermos. É agitação, não vitalidade. Como o nauseante sr. Hyde da história de Robert Louis Stevenson, o aterrorizante é que algo que é realmente inorgânico possa parecer tão enganosamente vigoroso. O mal é um estado de transição do ser – uma esfera encaixada entre a vida e a morte, razão pela qual o associamos a fantasmas, múmias e vampiros. Qualquer coisa que não seja totalmente morta nem totalmente viva pode se tornar uma imagem dele. Ele é enfadonho porque continua fazendo a mesma coisa melancólica, encurralado, como está, entre a vida e a morte. O narrador de *O terceiro tira* continuará voltando para a delegacia de polícia por toda a eternidade, numa espécie de repetição infernal. Mas o mal também é enfadonho porque não tem uma essência verdadeira. Ele não tem, por exemplo, nenhuma noção das complexidades emocionais. Como um comício nazista, ele parece espetacular, mas é, secretamente, vazio. Ele é tanto uma paródia da vida autêntica como o passo de ganso é uma paródia da marcha.

O mal é filisteu, extremamente brega e banal. Ele tem a afetação ridícula de um palhaço que pretende se passar por imperador. Ele se defende das complexidades da experiência humana com um dogma barato ou um *slogan* comum. Como o Pinkie de *A inocência e o pecado*, ele é perigoso justamente por causa da sua inocência mortal. Ele não compreende o mundo humano e fica tão confuso diante de uma genuína explosão emocional como a família real britânica. Ele não tem *savoir faire* e, quando confrontado com a tristeza, a euforia ou a paixão sexual, se sente tão perdido como um bebê. Ele não acredita em absolutamente nada porque não tem vida interior suficiente

Sobre o mal

que lhe permita fazê-lo. O inferno não é um cenário de obscenidades indescritíveis. Se fosse, bem que valeria a pena pedir para ser aceito. O inferno é ficar ouvindo por toda a eternidade um homem de impermeável que conhece a fundo todos os detalhes do sistema de esgoto de Dakota do Sul.

Para Tomás de Aquino, quanto mais algo consegue realizar a sua verdadeira natureza, mais se pode dizer que ele é bom. Ele afirma que a perfeição de algo depende do quanto ele alcançou a realidade. As coisas são boas se florescem da maneira que é adequada para elas. Quanto mais algo viceja do seu jeito peculiar, mais excelente é. Todo ser, considerado enquanto tal, é bom. E se Deus é o ser mais perfeito de todos é porque ele é pura autorrealização. Ao contrário de nós, não existe nada que ele pudesse ser que não é. Portanto, para Tomás de Aquino não existe um ser que seja mau. Estar perto de Billy Connolly ou dos peruanos é algo bom em si mesmo, mesmo se eles forem capazes, de vez em quando, de ações menos nobres. O poeta William Blake às vezes finge tomar partido do diabo, sobretudo em *Provérbios do céu e do inferno*. Ele pega a oposição convencional entre bem e mal e, de brincadeira, a inverte, tornando o mal a categoria positiva e o bem, a negativa. Mas isso é apenas uma tática para escandalizar os cristãos respeitáveis de classe média, com sua anêmica noção de virtude. A crença verdadeira de Blake está sintetizada numa única frase: "Tudo que vive é sagrado".

Tomás de Aquino estava inteiramente de acordo. Como seu grande predecessor Santo Agostinho, mas também como certo pensamento antigo grego e judaico, Tomás de Aquino não considera o mal como algo que existe, mas como uma espécie de deficiência do ser. O mal para ele é falta, negação, imperfeição, privação. É uma espécie de mau funcionamento, uma falha no núcleo do ser. A dor física, por exemplo, é um mal porque é uma confusão no modo como o corpo funciona. É uma incapacidade de ter vida em abundância. Por sua vez, Agostinho adota essa linha basicamente porque deseja argumentar contra os maniqueístas, que defendiam a teoria gnóstica de que a matéria é o mal em si mesmo. Para eles, o mal é uma força ou substância concreta que nos invade de fora. É a visão de realidade da ficção científica. Pelo contrário, afirma Agostinho, o mal não é nenhuma espécie de coisa ou força. Pensar assim é transformá-lo num fetiche, como nos filmes de terror. Ele brota de nós, não de uma força estranha fora de nós; e ele brota de nós porque é o resultado da liberdade humana. Ele observa que o mal é "a inclinação daquilo que tem mais ser para aquilo que tem menos ser".

Por isso, o mal é uma espécie de rebaixamento espiritual. A doutrina do pecado original, que Agostinho elaborou melhor do que qualquer outro pensador cristão, é, entre outras coisas, um protesto contra uma visão reificada ou supersticiosa do mal. O mal é um assunto ético, não uma questão relacionada a determinadas criaturas perniciosas que infectam o nosso corpo. É uma pena que Agostinho tenha, em seguida, manchado a sua reputação quando passou a afirmar que o pecado original era transmitido pelo ato de reprodução sexual. Previsivelmente, essa foi a única parte do seu argumento que permaneceu na memória histórica. Essa visão talvez leve o materialismo um pouco longe demais. Na verdade, alguns dos excessos mais absurdos da Igreja católica não brotam de uma visão falsamente espiritualista do mundo, mas de uma abordagem basicamente materialista das ações e dos corpos.

Se o mal não é nada em si mesmo, então nem mesmo um Deus todo-poderoso poderia tê-lo criado. Ao contrário do preconceito popular de que o Todo-poderoso pode fazer o que lhe der na telha, existem diversos tipos de ação que estão fora do seu alcance. Ele não pode se juntar às bandeirantes, pentear o cabelo, amarrar o cadarço ou cortar as unhas dos dedos da mão. Ele é incapaz de criar um triângulo quadrado. Ele não pode, literalmente, ser o pai de Jesus Cristo, já que não tem testículos. E ele não pode criar o nada, já que o nada não é algo que se possa criar ou destruir. Só um truque gramatical nos faz pensar diferente. Mesmo o Todo-poderoso tem de se submeter às leis da lógica. O fato de o mal não ser nada concreto não significa, é

Sobre o mal

claro, que ele não tenha efeitos concretos. Não é igual a fingir que a dor é uma ilusão. A escuridão e a fome também não são nada concretas, mas ninguém negaria que elas têm efeitos concretos. (É verdade, como vimos, que o de Selby de Flann O'Brien considera a escuridão uma entidade concreta, mas, nesse caso, ele faz parte de uma minoria extravagante.) Um buraco não é algo que se pode pôr no bolso, mas um buraco na cabeça é bastante real.

Tem gente que se sente incomodada com essa forma de enxergar o mal. Como é possível que alguém se refira aos expurgos monstruosos de Mao ou àqueles que pereceram nos campos de concentração nazistas como vítimas de uma simples deficiência? Não corremos o risco de subestimar a positividade aterrorizante do mal?[18] É nesse momento, penso, que a teoria psicanalítica pode nos socorrer, permitindo-nos afirmar que o mal é uma espécie de privação enquanto continuamos a reconhecer seu formidável poder. O poder em questão, como já vimos, é basicamente o poder da pulsão de morte, que se volta para o exterior para descarregar sua maldade insaciável em outro ser humano. No entanto, essa violência impetuosa contém uma espécie de carência – uma sensação insuportável de não ser que precisa, por assim dizer, ser descontada no outro. Ela também está direcionada a outro tipo de carência: a nulidade da própria morte. Nesse ponto, então, a força horripilante e a vacuidade absoluta se unem. Em *Dogmática eclesiástica*, o teólogo Karl Barth ressalta que o mal é um nada de perversão e destruição, não apenas de ausência e privação.

Os perversos, portanto, são deficientes na arte de viver. Para Aristóteles, viver bem é algo que se consegue através da prática constante, como tocar saxofone. É algo de que os perversos nunca pegaram bem o jeito. Nem, aliás, nenhum de nós. O acontece, simplesmente, é que a maioria de nós se sai melhor do que Jack, o Estripador. Que sejamos todos defeituosos a esse respeito poderia surpreender os visitantes de

---

18 Para uma excelente (embora difícil) discussão desse problema, ver Milbank, Darkness and Silence: Evil and the Western Legacy, em Caputo (Org.), *The Religious*.

um outro mundo, que poderiam esperar, razoavelmente, se deparar com um punhado de exemplares perfeitos da espécie humana, junto com diversas versões mal-acabadas. Isso pareceria tão razoável como esperar que existam diversas maçãs excelentes, bem como um monte de maçãs podres. O fato de que todos os seres humanos, sem exceção, são disfuncionais de uma forma ou de outra poderia parecer, a visitantes alienígenas, tão bizarro como a ideia de que todas as pinturas do Museu Guggenheim de Nova York são falsas. Se os perversos são totalmente deficientes na arte de viver, o resto de nós é apenas moderadamente deficiente.

Nesse sentido, embora o mal não seja o tipo de coisa com a qual nos deparamos todo dia, ele está intimamente relacionado à vida comum. A pulsão de morte não tem nada de especial, e gente sádica é o que não falta. Ou pensem na alegria maldosa com o infortúnio alheio que os alemães chamam de *Schadenfreude*. Em *O tratado da natureza humana*, o filósofo David Hume afirma que nós obtemos prazer do prazer alheio, mas também um pouco de dor; e que, embora soframos com o sofrimento alheio, ele também nos gera um pouco de prazer. Na opinião de Hume, isso é simplesmente um fato da vida, não uma perversidade diabólica. Não existe nenhum motivo especial para ficar escandalizado com isso.

Colin McGinn considera que o sentimento comum de inveja talvez seja o mais próximo que a maioria de nós chega do mal, pelo menos no sentido no qual temos definido o termo.[19] O invejoso sofre com o prazer do outro, já que ele põe em relevo a sua própria vida malograda. Como lamenta o Satanás de Milton:

> Quanto em torno de mim mais ditas vejo,
> Tanto dentro de mim mais penas sinto:
> Sou como um turbilhão de át'mos discordes:
> Todo o bem para mim fez-se em veneno,

---

19 McGinn, *Ethics, Evil, and Fiction*, p.69 *ss*.

Sobre o mal

E nos Céus meu tormento requintara....
Nem já espero nas empresas minhas
Ver que meus infortúnios tenham tréguas:
Mas farei que outros sejam desgraçados
Como eu, inda que em pior meu mal se mude:
Só podem ruínas dar certo descanso
Ao ímpeto voraz de meus projetos.

Um pouco como Freud pensava que a vida diária tem suas características psicopatológicas, também podemos encontrar equivalentes do mal no mundo do dia a dia. Como um bom número de fenômenos raros, o mal tem suas origens no lugar-comum. Adolf Eichmann, que parecia mais um bancário que um arquiteto de genocídio, ilustra bem esse fato. Nessa medida, o mal não é apenas uma questão elitista, como alguns de seus praticantes prefeririam imaginar. Mas isso também não deveria nos levar a superestimar sua difusão. A maldade evidente, como a destruição de comunidades inteiras com fins lucrativos ou a disposição de usar armas nucleares, é muito mais comum que o mal puro. O mal não é algo que deva nos tirar muito o sono.

3
Os consolos de Jó

Hoje em dia, sempre que uma tragédia ou um desastre natural acontece, certamente encontraremos um grupo de homens e mulheres carregando cartazes feitos em casa com as sugestivas palavras "Por quê?" escritas neles. Essas pessoas não estão buscando explicações objetivas. Elas sabem muito bem que o terremoto resultou de uma fissura profunda na Terra, ou que o assassinato foi obra de um assassino em série libertado cedo demais da prisão. "Por quê?" não significa "O que causou isto?". É mais um lamento que uma pergunta. É um protesto contra uma profunda falta de lógica no mundo. É uma reação ao que parece ser a cruel falta de sentido das coisas.

Um ramo do pensamento tradicional, conhecido como teodiceia, tentou explicar essa aparente falta de sentido. A palavra "teodiceia" significa, literalmente, "justificação de Deus". Portanto, o objetivo da tentativa de explicar por que o mundo parece tão lamentavelmente imperfeito é defender um Deus supostamente todo-amoroso da acusação de ter faltado tragicamente com suas obrigações. A teodiceia tenta explicar a existência do mal de uma forma que deixaria o Todo-poderoso em paz. O maior projeto artístico desse tipo na

Sobre o mal

cultura literária britânica é a monumental epopeia *Paraíso perdido*, de John Milton, na qual o poeta procura "justificar o comportamento de Deus em relação aos homens" explicando por que a humanidade se encontra numa situação tão infeliz. Para o revolucionário Milton, isso inclui saber por que o paraíso político que a Guerra Civil Inglesa prenunciaria deu tão errado. Para alguns leitores, porém, as tentativas piedosas do poeta de isentar o Todo-poderoso só aumentam a rejeição dele. A tentativa de justificar Deus fornecendo-lhe argumentos elaborados em sua própria defesa, como faz o poema, está fadada a rebaixá-lo ao nosso próprio nível. Tal como os príncipes e juízes, os deuses não deveriam argumentar.

O teólogo Kenneth Surin ressalta que quanto mais consideramos que o mundo é um todo racional e harmonioso, à maneira do Iluminismo europeu do século XVIII, mais o problema do mal se torna premente.[1] As tentativas recentes de explicar o mal têm origem realmente no otimismo cósmico do Iluminismo. O mal é a sombra escura que a luz da Razão não consegue afugentar. Ele é o coringa no baralho cósmico, o grão de areia na ostra, o elemento fora de lugar num mundo perfeito. Para explicar essa anomalia, a teodiceia tem vários argumentos a oferecer. Para começo de conversa, existe o argumento do escoteiro, ou da ducha fria, que considera que a existência do mal é fundamental para o desenvolvimento do caráter. É o tipo de argumento que supostamente agradaria o príncipe Andrew, que observou, enquanto lutava na Guerra das Malvinas, que levar um tiro era excelente para a formação do caráter. Desse ponto de vista, o mal nos fornece uma oportunidade de fazer o bem e ser responsável. Um mundo sem o mal seria ameno demais para nos estimular a agir com honradez. O diabo em *Os irmãos Karamázov*, de Dostoiévski, adota justamente um argumento como esse para justificar sua própria existência: seu papel, ele informa Ivan Karamázov, é agir como uma espécie de atrito ou negatividade na criação divina, um elemento rabugento

---

1 Surin, *Theology and the Problem of Evil*, op.32.

que a impede de se desfazer de puro tédio. O diabo observa que ele é o "*x* numa equação indeterminada" – a "negatividade necessária" no universo sem a qual a harmonia pura e a ordem absoluta irromperiam e poriam fim a tudo.

No fim, o argumento em defesa do mal como uma disrupção ou resistência se resume a afirmar que ter as entranhas arrancadas, queimadas e depois socadas na sua boca faz de você um homem. Como quando se é um fuzileiro naval, isso lhe oferece a oportunidade rara de demonstrar de que material você é feito. Deus, escreve Richard Swinburne, é justificado ao permitir "Hiroshima, Belsen, o terremoto de Lisboa ou a peste negra", para que os seres humanos possam viver num mundo real e não num mundo de brinquedo.[2] É difícil acreditar que logo um professor de Oxford e Cambridge conseguiria traduzir em palavras tal sentimento.

É verdade que, às vezes, o bem pode se originar do mal. Existem alguns tipos arrogantes para os quais – desconfiamos – a ocorrência ocasional de um grave infortúnio até que vem a calhar. Alguns têm argumentado que a aparente falência do sentido no mundo moderno pode parecer alarmante, mas, na verdade, ela é um mal que vem para o bem. Quando compreendemos que as coisas não têm sentido em si mesmas, estamos livres para lhes atribuir o significado que julgarmos mais proveitoso. Dos escombros dos significados tradicionais podemos criar nossos próprios significados mais úteis, e acabar saindo lucrando com aquilo que parece uma catástrofe.

Porém, o bem nem sempre brota do mal; e mesmo quando o faz, dificilmente isso basta para justificá-lo. Os tipos arrogantes podem descobrir uma forma menos drástica de adquirir um pouco de humildade do que perdendo os membros. Não há dúvida de que algum bem resultou do Holocausto, sobretudo a coragem e a camaradagem de algumas de suas vítimas; mas imaginar que qualquer quantidade de bondade humana poderia tê-lo justificado é uma obscenidade moral.

---

2 Swinburne, *The Existence of God*, p.219.

Sobre o mal

Embora Jesus seja retratado pelo Novo Testamento como alguém que passa grande parte do tempo curando os doentes, ele nunca aconselhou os doentes a se reconciliarem com seu sofrimento. Pelo contrário, ele parece considerar que suas aflições são obra do diabo. Ele não sugere que o Céu será uma compensação adequada para as suas dores. Mesmo que o sofrimento nos deixe mais humanos e mais sábios, ele continua sendo ruim para nós. Continua sendo ruim que *esta* foi a maneira por meio da qual conseguimos nos tornar mais humanos e mais sábios, e não outra.

Isso nos leva de volta ao tema da Queda afortunada. "Afortunada" significa que foi bom ela ter acontecido? Nossa ruptura com a natureza e nossa entrada na história foi um acontecimento positivo? Não necessariamente. É claro que a história traz consigo algumas realizações magníficas – mas só ao custo de uma quantidade enorme de infelicidade. Os marxistas acreditam que esses dois aspectos da narrativa humana estão intimamente ligados. Talvez todos nós estaríamos melhor como amebas. Se a espécie humana acabar se autodestruindo, o que parece um final plausível para a sua história espantosamente brutal, pode haver muita gente que vai passar seus últimos instantes pensando exatamente nisso. Será que a evolução, e a história humana à qual ela acabou dando origem, foi um longo e desagradável equívoco? Será que tudo isso não deveria ter sido cancelado antes de sair tão claramente fora do controle? Certamente deve ter havido pensadores que acreditavam que sim. Arthur Schopenhauer, como vimos, foi um deles.

Em *Paraíso perdido*, John Milton é um pouco mais ambíguo a respeito da questão. Por ser um puritano revolucionário que acredita na necessidade do conflito, Milton não demonstra muito entusiasmo com o mundo harmonioso, porém imutável, do Éden. No entanto, por ser um pensador utópico que anseia pelo reino de Deus, e que teve a ousadia de esperar que o Partido Puritano, durante a Guerra Civil Inglesa, poderia ajudar a torná-lo realidade na Terra, existe um lado de Milton que sente saudade do jardim das delícias. Talvez a verdade, aos olhos de Milton, é que teria sido melhor que nós nunca tivéssemos sido expulsos do nosso primeiro lar – mas, já que fomos, temos agora a oportunidade de alcançar uma felicidade ainda mais deslumbrante.

Surpreendentemente, o assunto não é relevante apenas para Milton, mas também para o marxismo. Os marxistas são obrigados a acreditar que os males do capitalismo também são uma coisa boa, porque eles acabarão levando a uma condição mais desejável conhecida como socialismo? Certamente o próprio Marx não mede palavras para elogiar o capitalismo como o modo de produção mais revolucionário que a história jamais conheceu. Ele é, de fato, um sistema explorador que cometeu inúmeras atrocidades contra a humanidade. No entanto, na visão de Marx ele também promove os recursos dos homens e das mulheres em um grau até então desconhecido. Suas ricas tradições liberais e iluministas representam legados imprescindíveis para qualquer socialismo viável. Portanto, a "Queda" da história no capitalismo não é apenas afortunada, mas necessária? Poderia haver qualquer socialismo verdadeiro sem ela? O capitalismo não é necessário para aumentar a riqueza da sociedade até o ponto em que o socialismo pode assumi-la e reorganizá-la no interesse de todos?

Alguns socialistas, é verdade, defenderam justamente esse argumento. Os mencheviques da Rússia revolucionária estão entre os exemplos mais conhecidos. Se esse argumento é legítimo, então o marxismo é um exemplo de uma teodiceia. Isso implica tentar justificar males históricos insistindo no bem que, no final das contas, brotará deles. Na opinião de alguns marxistas, a escravidão do mundo antigo, por mais que fosse moralmente lamentável, foi necessária porque levou ao regime mais "progressista" do feudalismo. Talvez se possa defender algo similar a respeito da passagem do feudalismo para o capitalismo. No entanto, não muitos daqueles que se dizem marxistas hoje em dia defenderiam uma afirmação tão descarada. Em primeiro lugar, eles recordariam, o capitalismo não resulta, por uma necessidade inelutável, do feudalismo. Nem o socialismo resulta inevitavelmente do capitalismo, como um rápido olhar ao redor do globo pode confirmar. Dado que o capitalismo de fato surgiu, os socialistas podem tentar realmente pôr seus recursos materiais e espirituais acumulados a serviço de toda a humanidade. Ainda assim, teria sido preferível se tivesse havido uma outra maneira de alcançar esse objetivo, do mesmo modo que, para Milton, provavelmente teria sido melhor que a Queda do Éden nunca tivesse ocorrido. Os socialistas poderiam até argumentar (embora dificilmente algum deles o faça) que teria sido preferível que a própria história humana nunca tivesse acontecido. Mesmo se formos capazes de construir uma sociedade justa, isso talvez não compense a natureza cruel do passado e do presente. Ela não pode redimir os mortos. Não pode tornar a escravidão, Bob Hope ou a Guerra dos Trinta Anos retrospectivamente tolerável. É verdade que a história poderia ter se desenrolado de forma diferente. Porém, dado que ela aconteceu do jeito que aconteceu, não é irracional afirmar que, com ou sem socialismo, teria sido melhor que ela nunca tivesse acontecido. A afirmação pode não ser legítima, mas não é irracional.

Mesmo que o bem possa resultar do mal, indaga o filósofo Brian Davies, "o que pensar de alguém [isto é, Deus] que *organiza* os males para que os bens possam resultar deles?".[3] Ele não poderia ter encontrado uma forma mais agradável de testar nosso fervor do que a dengue, Britney Spears ou as tarântulas? Talvez o mal seja inevitável neste tipo específico de mundo; mas então por que Deus não criou um mundo diferente? Alguns teólogos afirmam que Deus não poderia ter criado um mundo *material* que não contivesse dor e sofrimento. Segundo essa teoria, se queremos prazeres sensuais, ou se queremos apenas corpos, temos de suportar o detalhe incômodo da agonia. O filósofo Leibniz sustentava que o que temos é o melhor dos mundos possíveis; mas para alguns outros pensadores, a ideia do melhor dos mundos possíveis é tão incoerente como a ideia do maior número primo. Considerando

---

3 Davies, *The Reality of God and the Problem of Evil*, p.131.

Os consolos de Jó

qualquer mundo específico, sempre é possível imaginar um melhor (em que Kate Winslet seja sua vizinha, por exemplo).

Depois existe o que se poderia chamar de argumento da Visão Geral, que sustenta que o mal não é realmente mal, apenas o bem que não conseguimos reconhecer como tal. Se fôssemos capazes de enxergar todo o quadro cósmico, contemplar o mundo do ponto de vista de um Deus, reconheceríamos que o que nos parece ser mal tem um papel fundamental em algum todo benéfico. Sem esse mal aparente, aquele todo não funcionaria como deveria. Quando pomos as coisas em contexto, o que parece ruim é visto como bom. Uma criança pequena pode se horrorizar ao ver uma mulher cortando um dedo humano, pois é incapaz de compreender que a mulher em questão é uma cirurgiã e o dedo em questão está irremediavelmente comprometido. Nesse sentido, o mal está em não enxergar a floresta por causa das árvores. Parece-nos, criaturas míopes que somos, que assar crianças em fogueiras seja algo longe do desejável; mas se ao menos pudéssemos ampliar nossa compreensão, compreendendo o papel que essa ação desempenha num projeto maior, entenderíamos o seu objetivo e poderíamos até dar uma mão com entusiasmo. Já houve argumentos mais convincentes na história do pensamento humano. Uma versão de trás para frente desse exemplo aparece em Friedrich Nietzsche, que sustenta que se você concorda com uma única experiência alegre, também concorda com todo o sofrimento e o mal no mundo, já que todas as coisas estão interligadas.

Alguns consideram o mal um mistério. Porém, num certo sentido, o motivo pelo qual o mundo humano está longe de ser perfeito é bastante óbvio. É porque os seres humanos têm a liberdade de mutilar, explorar e oprimir uns aos outros. Isso não explica o que alguns chamam de desgraça natural (terremotos, doenças e similares), embora os homens e as mulheres tenham hoje mais motivos que seus ancestrais para saber que as chamadas desgraças naturais são, na verdade, obra de nossas próprias mãos. A era moderna elimina gradualmente os limites entre natureza e história. A tradição apocalíptica considera que o mundo vai terminar em fogo e inundações, desmoronamento de montanhas, o firmamento estilhaçado, convulsões celestes e vários tipos de prodígios cósmicos. Só que jamais ocorreu a esses visionários que nós mesmos, animais insignificantes que somos, podemos acabar sendo responsáveis por esse cenário impressionante. O apocalipse sempre foi algo imposto a nós, não algo gerado por nós. Mas nós somos perfeitamente capazes de fazer tudo sozinhos.

Para os religiosos, a questão não é realmente saber por que existe maldade no mundo. A resposta é bastante óbvia. Não existe nenhum mistério no fato de um cafetão encarcerar trinta escravas sexuais albanesas num bordel britânico. A questão, para os religiosos, é saber por que, em primeiro lugar, os seres humanos foram criados com a liberdade de fazer essas coisas. Alguns religiosos defendem que seria um contrassenso se os seres humanos não tivessem sido criados livres. Isso porque o Criador em questão é Deus, que, ele próprio, é pura liberdade. Ser feito à imagem e semelhança de Deus significa justamente não ser uma marionete. Para que aqueles que ele cria sejam autenticamente dele, eles precisam viver de acordo com a própria vida livre dele; e se eles são livres, devem ser livres para errar. Segundo essa teoria, qualquer animal capaz de fazer o bem tem de ser, logicamente, capaz também de fazer o mal.

Mas será que realmente é possível inferir isso? Não é, de modo algum, óbvio que Deus fosse incapaz de criar homens e mulheres livres, mas não livres para errar. Afinal de contas, é assim que se espera que ele seja. Deus não pode traficar escravas sexuais albanesas, não apenas por não ter uma carteira onde guardar seus ganhos ilícitos, mas porque fazê-lo seria contrário ao tipo de ser que ele é. E, diferentemente de nós, Deus não pode entrar em contradição consigo mesmo. Vimos anteriormente que, para a teologia cristã tradicional, as coisas são boas em si mesmas, e o mal é uma espécie de deslize ou privação do ser. Quanto mais as coisas florescem, fazendo aquilo que devem fazer, melhores elas são. A conclusão é que um tigre que mastiga o braço de alguém é bom, porque ele está fazendo o tipo de coisa que se espera que os tigres aprontem. O único problema é que a sua maneira de florescer está em desacordo com o dono do braço. Os vírus também agem à sua maneira inocente de vírus. Não existe nada minimamente censurável nos vírus enquanto tais. Não há dúvida de que, mais cedo ou mais tarde, vai aparecer um grupo ou outro de manifestantes para afirmar que os vírus têm direitos, agitando cartazes com mensagens indignadas na frente dos hospitais e atacando os médicos que tentam erradicá-los. O problema simplesmente é que, ao se comportarem de seu jeito singularmente criativo, os vírus tendem a exterminar os seres humanos, que, consequentemente, são incapazes de se comportar do seu jeito singularmente criativo. Por que Deus não criou um universo no qual o florescimento de uma espécie não entrasse em conflito com o florescimento de outra? Por que o mundo se parece tanto com uma espécie de livre mercado?

Alguns teólogos contemporâneos, confrontados com o problema do mal, escolhem a postura de Deus no Livro de Jó. Perguntar quais são os motivos que Deus tem para permitir o mal, dizem eles, é imaginá-lo como uma espécie de ser racional ou moral, que é a última coisa que ele é. Pensar assim é mais ou menos como descrever os alienígenas como humanoides verdes cheirando a enxofre com olhos triangulares, mas (algo bastante sinistro) sem rins. A única coisa que isso comprova é a falta de imaginação do ser humano. Mesmo o profundamente estranho acaba sendo uma mal dissimulada versão de nós mesmos. Deus não deve ser considerado uma versão superdimensionada de um agente moral, com deveres, responsabilidades, obrigações, oportunidades para demonstrar um bom comportamento e coisas do tipo. Esta, prossegue o argumento, é uma visão iluminista do Todo-poderoso, que tenta diminuí-lo moldando-o, numa postura idólatra, em nós mesmos. Como observa a filósofa Mary Midgley: "Se Deus está presente, ele é certamente algo maior e mais misterioso que um funcionário público corrupto ou estúpido".[4] Deus não

---

4 Midgley, *Wickedness: A Philosophical Essay*, p.1.

se situa no campo da lógica humana, como ele se apressa a ressaltar para Jó, no Velho Testamento. Quando Jó lamenta a sua adversidade, perguntando por que Deus infligiu esse sofrimento a um homem inocente como ele, seus consoladores lhe oferecem diversas pseudoexplicações pretensiosas. Talvez, por exemplo, seus antepassados tenham cometido alguns pecados pelos quais ele está sendo punido. Deus finalmente intervém e, desdenhosamente, põe de lado essas sugestões patéticas. Longe de dar a Jó uma explicação de por que ele permitiu que ele sofresse, ele lhe diz mais ou menos para ir se danar. O que você pode saber a meu respeito? é o impacto da sua intervenção impaciente. Como você tem a ousadia de imaginar que pode aplicar seus códigos morais e racionais a mim? Isso não é igual a uma lesma tentando questionar um cientista? Quem diabos você pensa que é? No fim, Jó decide amar Deus "em troca de nada" – amá-lo sem levar em conta méritos e deméritos, recompensa ou retribuição, com um amor tão gratuito como os castigos que ele sofreu.

"Depois de Auschwitz", escreve Richard J. Bernstein, "é obsceno continuar falando do mal e do sofrimento como algo a ser justificado por, ou reconciliado com, um plano cosmológico benevolente."[5] Mas sempre não foi obsceno? Por que só depois de Auschwitz? Muita gente achava essa explicação ofensiva muito antes dos campos de concentração nazistas. Não temos resposta, portanto, para o fato de Deus "permitir" que seis milhões de judeus sejam assassinados, se é que "permitir" é a palavra certa. Religiosos podem muito bem desistir de buscar essas explicações como uma tarefa inglória. Todos os argumentos produzidos até agora são falsos, e um ou dois são moralmente ultrajantes. É por isso que Kant escreveu um ensaio intitulado "Sobre o fracasso de todas as tentativas filosóficas na teodiceia". A teodiceia, escreve o filósofo Paul Ricoeur, é um "projeto insensato".[6] Se isso é o melhor que os cristãos podem fazer, seria melhor que admitissem a

---

5 Bernstein, *Radical Evil*, p.229.
6 Ricoeur, *The Conflict of Interpretation*, p.281.

derrota e se tornassem – pelo menos em relação a esse tema momentoso – agnósticos. Mesmo assim, eles ainda vão ter de reconhecer o fato de que a existência do mal é um argumento extremamente eficaz contra a existência de Deus.

"Uma grande quantidade de mal", escreve Midgley, "é causada por motivos secretos, respeitáveis e não agressivos como preguiça, medo, avareza e ganância."[7] Nos termos deste livro, esses motivos seriam classificados mais como perniciosos ou imorais do que como maus; mas o argumento geral certamente é válido. Na maioria das vezes, o que temos de temer são o egoísmo e a ganância de antigamente, não o mal. Atos monstruosos nem sempre são cometidos, de modo algum, por indivíduos monstruosos. Os torturadores da CIA certamente são maridos e pais dedicados. Geralmente, nenhum indivíduo isolado é responsável por massacres militares, apesar da conversa fiada de que César derrotou tribos inteiras. Aqueles que roubam fundos de pensão ou poluem regiões inteiras do planeta são muitas vezes indivíduos pacatos que acreditam que negócio é negócio. E que isso seja assim deve ser considerado uma fonte de esperança. A questão é que a maior parte da maldade é institucional. Ela é o resultado de interesses escusos e processos anônimos, não de atos malignos dos indivíduos. É claro que não devemos subestimar a importância desses atos, assim como não devemos ser excessivamente sofisticados a ponto de rejeitar a ideia de conspirações. É fato que homens e mulheres com intenções duvidosas se reúnem de vez em quando no que, hoje em dia, são as salas para não fumantes, para tramar um ou outro ultraje moral. Na maioria das vezes, porém, esses ultrajes resultam de sistemas específicos.

Como a maioria das formas de maldade está incorporada em nossos sistemas sociais, os indivíduos que servem a esses sistemas podem muito bem não estar cientes da gravidade de suas ações. Isso

---

7 Midgley, *Wickedness*, p.3.

Sobre o mal

não quer dizer que eles são simples marionetes das forças históricas. Noam Chomsky observou certa vez que os intelectuais geralmente não precisam falar a verdade ao poder porque, de qualquer maneira, o poder já conhece a verdade. Porém, mesmo que ele conheça, muitos indivíduos que agem de maneira politicamente detestável são homens e mulheres sensíveis e conscientes que acreditam que estão servindo de forma abnegada ao Estado, à empresa, a Deus ou ao futuro do Mundo Livre, termos que, para alguns americanos de direita, são quase sinônimos. Essas pessoas podem considerar que as suas próprias ações desonrosas são desagradáveis, mas essenciais, como um agente secreto de John Le Carré. Arrancar as unhas dos dedos da mão dos outros não é como elas escolheriam agir num mundo ideal. Esse é um dos motivos pelos quais aqueles que arrancam as unhas dos outros e, sobretudo, aqueles que os ensinam a fazê-lo, podem continuar fazendo declarações solenes sobre valores morais sem achar que estão caindo em contradição. Esses valores podem ser reais para eles, só que ocupam uma esfera diferente da esfera dos negócios ou da *Realpolitik*. E, sobretudo, não se espera que essas esferas se cruzem. Como observou o cínico, é quando a religião começa a interferir na sua vida diária que está na hora de abrir mão dela.

Portanto, temos motivo para nos sentirmos gratos à falsa consciência. Se muitos daqueles que se envolvem em atos infames não estivessem nas suas garras, pelo menos até certo ponto, seríamos obrigados a concluir que muitos homens e mulheres são velhacos incorrigíveis. E isso pode, então, levantar a questão de saber se eles mereciam ou seriam capazes de construir uma ordem social superior à que temos no presente. Marx e Engels não recorreram ao conceito de ideologia para fazer uma política radical parecer factível, mas, mesmo assim, existe uma relação entre os dois. O fato de os homens e as mulheres serem tão profundamente condicionados por suas circunstâncias muitas vezes representa um obstáculo à transformação política; mas ele também sugere que eles não precisam ser descartados como se fossem politicamente irrecuperáveis. Ironicamente, o

Os consolos de Jó

que os humanistas podem realmente ter a seu favor é a falsa consciência. Se os indivíduos que mutilam e exploram realmente não sabem o que fazem, para emprestar uma passagem célebre do Novo Testamento, então não há dúvida de que eles são moralmente medíocres e não rematados patifes. Mesmo se compreenderem apenas parcialmente o significado do que estão aprontando, ou souberem exatamente o que estão fazendo, mas o considerarem indispensável para alcançar um objetivo nobre, talvez não tenham extrapolado os limites. Digo "talvez" porque Stálin e Mao assassinaram em razão daquilo que consideravam um objetivo nobre, e se eles não extrapolaram os limites então é difícil dizer quem extrapolou.

Se não fosse verdade que atos de violência são, na maioria das vezes, o resultado de falsas concepções, interesses dominantes e forças históricas, as consequências poderiam ser realmente terríveis. Poderíamos ser obrigados a concluir que simplesmente não vale a pena preservar a espécie humana. Schopenhauer considerava que quem quer que pensasse que valia estava profundamente iludido. Para ele, a vida humana parecia simplesmente não valer a pena. Ele acreditava que tudo consistia apenas de "gratificação momentânea, prazer fugaz condicionado por carência, grande e longo sofrimento, luta constante, *bellum omnium*, todas as coisas caçadoras e todas as coisas caçadas, desejo, necessidade e ansiedade, gritos e lamentos; e isso prossegue *in saecula saeculorum* ou até que uma vez mais a crosta do planeta se rompa".[8]

Alguém poderia objetar que essa descrição da vida humana é um pouquinho seletiva. Algumas características fundamentais parecem ter sido inexplicavelmente omitidas. Mas mesmo se admitirmos que Schopenhauer deixa de fora praticamente tudo que torna a vida digna de ser vivida, ainda existe um problema. É claro que existe amor e guerra, riso e lamento, alegria e tortura. Mas esses dois conjuntos de características positivas e negativas realmente estão

---

8 Schopenhauer, *The World as Will and Idea*, v.2, p.354.

Sobre o mal

contrabalançados no livro contábil da história humana até agora? A resposta, certamente, é não. Pelo contrário, os aspectos negativos não têm sido apenas predominantes, mas, em muitas épocas e lugares, extremamente predominantes. Hegel considerava a história como "o patíbulo onde foram sacrificadas a felicidade dos povos, a sabedoria dos Estados e a virtude dos indivíduos". Os períodos de felicidade na história, segundo ele, são páginas em branco. Ele também escreve a respeito do "mal, da vilania, do declínio dos impérios mais florescentes já produzidos pelo espírito humano" junto com "as incalculáveis misérias dos seres humanos".[9] E isso vindo de um pensador que era acusado regularmente de um excesso de otimismo histórico! "Uma filosofia", escreve Schopenhauer, "na qual não se ouve, entre as páginas, prantos, lamentos e ranger de dentes, e o estampido pavoroso dos assassinatos correntes e recíprocos, não é filosofia."[10] Essa opinião é partilhada por Theodor Adorno, que escreveu a respeito da "catástrofe permanente" da história humana.

A virtude dificilmente floresceu nos assuntos públicos, senão breve e precariamente. Os valores que admiramos – misericórdia, compaixão, justiça, bondade – foram em grande medida confinados à esfera privada. A maioria das culturas humanas têm sido histórias de pilhagens, ganância e exploração. O século turbulento do qual acabamos de sair ficou manchado de sangue do começo ao fim, marcado por milhões de mortes inúteis. Nós ficamos tão acostumados a enxergar a vida política como violenta, corrupta e opressora que deixamos de nos surpreender com a curiosa persistência dessa condição. Não esperávamos, simplesmente devido à lei mítica da proporção, deparar com um número muito maior de episódios agradáveis e inspiradores nos anais da história humana?

A questão pode ser apresentada de outra maneira. É um clichê dizer que todos nós temos algo de bom e de ruim. Os seres humanos

---

9 Citado por Dews, *The Idea of Evil*, p.107.
10 Citado em ibid., p.124.

são criaturas confusas, ambíguas e moralmente híbridas. Mas se é assim, por que o bem não subiu mais vezes à superfície política? Certamente deve ser por causa da natureza da história social e política – das estruturas, das instituições e dos sistemas de poder. A visão conservadora do assunto é muito diferente. Os seres humanos não são apenas moralmente híbridos, que ocupam uma parte insignificante do muro liberal dos indecisos. Pelo contrário, na maioria das vezes eles são criaturas corruptas e indolentes que exigem disciplina e autoridade constantes se quisermos arrancar algo de valor deles. Desse ponto de vista, aqueles que esperam demais da natureza humana – socialistas, libertários e afins – acabarão profundamente desiludidos, e ficarão tentados a idealizar os homens e as mulheres até a morte. Por outro lado, para os conservadores, as margens de aperfeiçoamento humano são desalentadoramente estreitas. Eles acreditam no pecado original, mas não na redenção, ao passo que alguns liberais panglossianos acreditam na redenção, mas não no pecado original. Nessa visão panglossiana, os homens e as mulheres podem superar as dificuldades porque não existe nada suficientemente desastroso em nossa condição que possa impedi-lo. Para um certo libertarismo ingênuo, realmente existem sérios obstáculos ao bem-estar humano, mas quase todos estão do lado de fora. As habilidades humanas que essas forças bloqueiam são consideradas intrinsecamente positivas. O único motivo de não sermos livres é que existe algo no nosso caminho. Se isso fosse verdade, é surpreendente que a revolução e a emancipação não ocorram com mais frequência. O fato de que precisamos nos emancipar de nós mesmos é, certamente, um motivo pelo qual elas não ocorrem.

Os radicais, ao contrário, precisam conservar um equilíbrio precário quanto a isso. Por um lado, eles precisam ser implacavelmente realistas a respeito da profundidade e da persistência da perversão humana até o momento. Caso contrário, não pode haver nada muito duradouro no projeto de transformação da nossa condição. Aqueles que cedem sentimentalmente à humanidade não lhe fazem favor algum. Pelo contrário, eles se comportam como um obstáculo à mudança. Por outro lado, essa perversão não pode ser tamanha que a transformação esteja fora de questão. Uma interpretação otimista demais da história leva à crença de que não é necessária nenhuma mudança radical, enquanto uma visão pessimista demais dela sugere que tal mudança é impossível de alcançar.

Como, então, impedir que o projeto radical seja desmantelado pela resistência absoluta e obstinada da injustiça histórica até hoje? Como impedir que o realismo comprometa a esperança? Às vezes parece que, quanto mais premente a necessidade de mudança política, menos possível ela é. Essa foi a situação em que os bolcheviques russos se encontraram em 1917, o ano da Revolução Soviética. Diante da autocracia czarista, de uma carência de instituições liberais e civis, de um campesinato empobrecido e de um proletariado violentamente explorado, a revolução pareceu, aos bolcheviques, um imperativo. No entanto, esses também foram justamente alguns dos fatores que tornaram essa mudança tão difícil. Como Lênin observou certa vez, foi o atraso da sociedade russa que tornou a revolução relativamente fácil de concretizar. Um golpe no Estado czarista, considerando que ele tinha o monopólio do poder absoluto, se mostraria mais ou menos suficiente. Mas foi esse mesmo atraso, acrescentou Lênin, que tornou a revolução tão difícil de sustentar depois de ela ter ocorrido. Um tipo terrivelmente desfigurado de socialismo surgiu no século XX, porque o socialismo se mostrou menos possível onde ele era mais urgente. E esta é, certamente, uma das maiores tragédias daquele período.

O que impede que o radical mergulhe no desespero político é o materialismo. Quero dizer com isto a crença de que a maior parte da violência e da injustiça resulta de forças materiais, não do temperamento maldoso dos indivíduos. Faz parte desse materialismo, por exemplo, não esperar que as pessoas carentes e oprimidas se comportem como São Francisco de Assis. Às vezes elas se comportam assim; mas, quando o fazem, o que mais chama a atenção é a absoluta imprevisibilidade do seu comportamento. A virtude depende, até

Os consolos de Jó

certo ponto, do bem-estar material. É impossível desfrutar de relacionamentos razoáveis com os outros quando se está com fome. O contrário do materialismo, no caso, é o moralismo – a crença de que as ações boas e más são totalmente independentes de seus contextos materiais, e que isso é parte do que as faz ser o que são. Os radicais não acreditam que a transformação dessas circunstâncias produziria uma sociedade de santos. Longe disso. Há uma infinidade de motivos, freudianos e outros, para acreditar que uma quantidade razoável de maldade sobreviveria até mesmo à mais profunda das transformações políticas. Cabe a qualquer materialismo autêntico estar ciente dos limites do político, o que inclui a consciência de como as coisas se relacionam conosco enquanto espécie material. Mesmo assim, o que os radicais alegam é que a vida provavelmente poderia melhorar para um grande número de pessoas. E isso certamente nada mais é que realismo político.

É improvável que aqueles que estão comprometidos com a luta material pela sobrevivência sejam um poço de virtude apenas por esse motivo, não porque eles todos sejam Pinkies enrustidos ou mini-Leverkühns. É em parte devido à escassez artificial de recursos produzida pela sociedade de classes, bem como pela negação de reconhecimento humano a milhões e milhões, que o registro histórico tem sido tão cruel e incivilizado. A moralidade não pode ser separada do poder. Além disso, do mesmo modo que aqueles que são tratados cruelmente tendem a se tornar desnaturados, assim também todos os tipos de vícios exóticos têm origem entre os próprios governantes. A exemplo de alguns artistas famosos, muitos dos ricos e poderosos passam a acreditar, depois de algum tempo, que são imortais e invencíveis. É claro que eles não admitiriam isso se alguém lhes perguntasse, mas essa é a crença que o seu comportamento confirma. E quando se trata de crença, devemos olhar o que as pessoas fazem, não o que elas dizem. Como resultado dessa crença, esses indivíduos passam a controlar o poder destrutivo dos deuses. Somente aqueles cuja situação os torna conscientes da sua mortalidade são suscetíveis de se sentirem solidários com seus semelhantes.

Sobre o mal

Argumentei que grande parte do comportamento imoral está ligada às instituições materiais, e que, nessa medida, um pouco como o pecado original, a culpa não é inteiramente daqueles que se comprometem com ele. Na verdade, o que sugeri foi uma interpretação materialista dessa doutrina. Ações podem ser iníquas sem que aqueles que as praticam sejam iníquos. O mesmo vale para a bondade. Canalhas podem ser, de vez em quando, bons samaritanos. De um ponto de vista histórico, pode-se afirmar que as boas ações são mais importantes que os bons indivíduos. Desde que você ajude a manter em funcionamento o sistema de alívio da fome, o fato de agir assim para impressionar seu namorado com seu altruísmo é realmente irrelevante. Mas, e quanto ao mal? Nesse caso a diferenciação entre atos e pessoas pareceria muito menos segura. Pode haver atos maus sem haver pessoas más para executá-los? Não, se o argumento deste livro faz sentido. Pois o mal é uma condição do ser, bem como um tipo de comportamento. Duas ações podem parecer iguais, mas uma pode ser má e a outra não. Pensem, por exemplo, na diferença entre alguém que pratica sadismo para obter prazer erótico numa relação sexual consensual, e alguém que inflige dores horríveis a outra pessoa para satisfazer sua própria sensação de inexistência.

Porém, se o mal exige um sujeito humano, o que dizer dos nazistas? Que estado subjetivo de ser levou a Auschwitz? O de Hitler? O de toda a vanguarda do partido? O da psique nacional? Não é fácil responder a essas perguntas. Talvez o melhor que podemos arriscar é que o mal na Alemanha nazista, como em situações semelhantes, operava em níveis muito diferentes. Havia aqueles na base que cooperaram num projeto maligno não porque eles próprios fossem maus, mas porque, enquanto membros das forças armadas ou funcionários subalternos, se sentiram obrigados a fazê-lo. Havia outros que participaram zelosamente do projeto (assassinos, patriotas, antissemitas ocasionais e afins), e que, portanto, eram mais culpados, mas que dificilmente podiam ser descritos como o mal. Também havia aqueles que cometeram atos terrivelmente abomináveis, mas

Os consolos de Jó

não porque obtivessem qualquer recompensa específica em troca. Eichmann pode muito bem entrar nessa categoria. E depois havia aqueles, supostamente como o próprio Hitler, que cederam às fantasias de extermínio, e que provavelmente podem ser chamados de autenticamente maus. Talvez também se possa falar provisoriamente de uma psique nacional – de fantasias que fascinaram e influenciaram aqueles que não as inventaram, a tal ponto que eles também ficaram angustiados, através da propaganda nazista, por uma sensação repugnante de estarem sendo invadidos e minados por uma gosma estranha.

Se meu argumento acerca da moralidade e das condições materiais tem alguma validade, então uma consequência importante parece resultar dele. Não podemos fazer um julgamento moral confiável da espécie humana porque nunca pudemos observá-la senão em condições extremamente distorcidas. Simplesmente não podemos afirmar como os homens e as mulheres teriam sido se as condições fossem diferentes. Há quem acredite que a verdade a respeito da humanidade só aparece quando submetemos as pessoas a uma pressão extrema. Encoste-as contra a parede, confronte-as (por exemplo) numa sala totalmente iluminada com a coisa que mais as aterrorize no mundo, e elas revelarão sua verdadeira face. Mas isso é, evidentemente, falso. Embora em determinadas circunstâncias a maioria dos indivíduos provavelmente matasse os outros em troca de água e comida, isso revela muito pouco a respeito do estado usual das suas almas.

Homens e mulheres que estão sob intensa pressão geralmente não conseguem mostrar o melhor de si. É verdade que dizem que algumas pessoas se saem melhor em tempos de crise. Por exemplo: os britânicos supostamente revelam essa virtude. Eles passam o tempo entre as crises esperando pacientemente por outra oportunidade para que seu heroísmo extraordinário se manifeste. Mas essas pessoas são uma minoria. Se homens e mulheres sob pressão precisam do estímulo dessas ameaças, não é apenas por causa da sua saúde, mas porque só então eles têm a oportunidade de descobrir o que querem se tornar. Na visão de Marx, tudo que aconteceu até agora na história não foi realmente história, de modo algum, e sim o que ele chama de "pré-história". É apenas uma ou outra variante do tema lugubremente persistente da exploração. Somente penetrando na história propriamente dita é que teremos a oportunidade de descobrir do que realmente somos feitos moralmente. Isso, é claro, pode não se mostrar tão agradável assim. Talvez descubramos que nunca deixamos de ser cruéis. Mas pelo menos estaremos em posição de nos percebemos francamente, sem a visão distorcida produzida pela luta incessante por recursos ou pela imposição brutal do poder.

De certa forma, os absolutistas morais estão certos. De fato, a diferença que importa é entre o bom e o mau. Mas não no sentido que eles imaginam. Moralmente falando, o que realmente divide as pessoas é o fato de elas reconhecerem ou não que até agora a História tem sido, em sua maior parte, uma história de carnificina e despotismo; que a violência tem sido muito mais típica da espécie que a conduta civilizada; e que para um grande número de homens e mulheres que nasceram no planeta certamente teria sido melhor se nunca tivessem visto a luz do dia. Alguns esquerdistas vão se sentir incomodados com esses sentimentos sombriamente schopenhauerianos. Eles podem assustá-los como lugubremente derrotistas, e, por isso, correrem o risco de solapar o moral político. Existem esquerdistas para os quais o pessimismo é uma espécie de delito de opinião, do mesmo modo que existem americanos cronicamente otimistas para os quais toda negatividade é uma forma de niilismo. Mas a base de toda sabedoria política é o realismo. Thomas Hardy sabia que só contemplando friamente o pior era possível avançar na direção do melhor.

Hoje, ironicamente, um progressismo estúpido representa uma ameaça maior à mudança política que uma consciência do pesadelo da história. Os verdadeiros antirrealistas são aqueles como o cientista Richard Dawkins, com a sua inacreditável crença complacente de que estamos todos nos tornando mais amáveis e civilizados. "A maioria de nós no século XX", ele escreve em *Deus: um delírio*, "estamos.... muito à frente dos nossos homólogos na Idade Média, ou no tempo de Abraão, ou mesmo tão recentemente como nos anos 1920. A onda toda continua se movendo, e mesmo a vanguarda de um século anterior... se veria muito atrás dos retardatários de um século posterior. Existem retrocessos locais e temporários, como os que os Estados Unidos estão sofrendo do seu governo no início dos anos 2000. Mas numa escala de tempo mais longa, a tendência progressista é indiscutível, e irá prosseguir".[11]

É verdade que Dawkins se refere, na maioria das vezes (embora não exclusivamente), ao crescimento dos valores liberais. De fato, tem havido um progresso gratificante (e extremamente desigual) nessa área. Portanto, Dawkins, apesar do soberbamente dogmático "e irá prosseguir" (ele tem uma bola de cristal?), tem toda a razão de insistir na preciosidade desse avanço, a despeito daqueles para quem a própria ideia de progresso não passa de um mito imperialista. É verdade que algumas coisas melhoram em certos aspectos. Quem duvida da realidade do progresso podia tentar arrancar os dentes sem anestesia. Também podia tentar demonstrar mais respeito pelas irmãs Pankhurst* ou por Martin Luther King. Mas algumas coisas também pioram. E sobre estas o inocente Dawkins não tem quase nada a dizer. Ninguém deduziria, a partir da sua descrição presunçosa da sabedoria crescente da humanidade, que também estamos diante da destruição do planeta, da ameaça de um conflito nuclear, da catástrofe da propagação da AIDS e de outros vírus mortais, do fanatismo neoimperialista, das migrações em massa dos necessitados, do fanatismo político, do retrocesso a desigualdades econômicas de tipo vitoriano, e inúmeras outras possíveis catástrofes. Para os paladinos do Progresso, a história é um fluxo crescente de conhecimento guarnecido com algumas correntes secundárias de ignorância. Uma série de anomalias incivilizadas está à espera de ser classificada, eliminada

---

11 Dawkins, *The God Delusion*, p.70-1.

* Três irmãs que lutaram pelo direito de voto feminino na Inglaterra a partir de 1903. (N. T.)

Sobre o mal

ou resolvida. Para Dawkins, a chamada Guerra ao Terror não passa de um soluço histórico. Por outro lado, para os radicais a história é a civilização e a barbárie juntas. E as duas estão inseparavelmente entrelaçadas. Ao ler gente como Dawkins, percebemos por que a doutrina do mal ou do pecado original pode ser um tipo radical de crença. Ela sugere que as coisas estão tão terríveis para nós que somente uma transformação profunda poderia remediá-las.

Richard J. Bernstein escreve em *Radical Evil* que a destruição do World Trade Center em 2001 foi "a própria epítome do mal em nosso tempo".[12] Ele parece não perceber que os Estados Unidos mataram um número inacreditavelmente maior de civis inocentes nos últimos cinquenta anos que o número total dos que pereceram na tragédia de Nova York. Enquanto escrevo, talvez um número centenas de vezes maior de pessoas tenha sido massacrado na guerra criminosa do Iraque que teve origem naquela tragédia. Bernstein não faz caso das tiranias e carnificinas promovidas por seu próprio país em nome da liberdade. Parece que a maldade está sempre em outro lugar. Atualmente, no Ocidente, ela está associada, na maioria das vezes, aos regimes políticos que os Estados Unidos não conseguem controlar no momento, como o Irã e a Coreia do Norte, bem como ao terrorismo islâmico, que, de fato, representa uma grave (embora exagerada) ameaça ao bem-estar da humanidade.

Nos termos deste livro, porém, esse terrorismo é mau, não o mal, e a distinção vai muito além de um detalhe verbal. Na verdade, nossa própria segurança e sobrevivência podem acabar dependendo disso. Os perversos não podem ser convencidos a abandonar seu comportamento destrutivo porque não existe racionalidade por trás do que eles fazem. Para eles, a racionalidade que os outros procuram aplicar ao assunto é, realmente, parte do problema. Por outro lado, é teoricamente possível discutir com quem utiliza meios inescrupulosos para alcançar objetivos racionais ou mesmo respeitáveis. O conflito

---

12 Berstein, *Radical Evil*, p.x.

136

de trinta anos na Irlanda do Norte terminou em parte porque o republicanismo irlandês armado pendeu firmemente para esse lado. Mas isso também poderia ter ocorrido, num determinado momento, com o fundamentalismo islâmico. Se o Ocidente tivesse tratado de forma diferente alguns países islâmicos, ele poderia ter evitado, pelo menos em parte, a agressão que agora nos atinge.

Isso não significa afirmar que o fundamentalismo islâmico seja totalmente racional. Ao contrário, ele está impregnado das correntes mais rancorosas do preconceito e do fanatismo, como as suas vítimas torturadas e assassinadas sabem muito bem. Mas essas alucinações mortíferas estão misturadas com algumas queixas de natureza política, por mais que seus inimigos as considerem ilusórias ou injustificadas. Pensar de outra forma é imaginar que os terroristas islâmicos, em vez de serem cruelmente obstinados, são incapazes de raciocinar. É afirmar não que as suas queixas são inadequadas, mas que não existe absolutamente nada a discutir. Esse é um preconceito irracional igual ao deles, e que só pode piorar a situação. A tragédia não é apenas que milhões de cidadãos corram risco de vida sem terem culpa nenhuma. É também que esse risco, antes de mais nada, talvez nunca tivesse sido necessário.

Não há dúvida de que ainda existem ideologias islâmicas absurdas por aí, assim como existem crenças ocidentais odiosas e absurdas. Mas é improvável que as Torres Gêmeas teriam vindo abaixo simplesmente por causa disso. Também foi preciso o sentimento de raiva e humilhação do mundo árabe ao longo da sua história de opressão política por parte do Ocidente. Definir o terrorismo islâmico como o mal, no sentido em que a palavra é empregada neste livro, é recusar a admitir a veracidade daquela ira. Pode muito bem ser tarde demais para o tipo de ação política que nos ajude a aliviá-la. O terrorismo tem hoje um ímpeto mortal próprio. Mas existe uma diferença entre lamentar essa oportunidade tragicamente perdida e tratar os inimigos como animais estúpidos que nenhuma ação racional poderia jamais fazer mudar de opinião. Para os defensores desse ponto de vista, a única solução para a violência terrorista é mais violência. Mais violência que produz mais terror, que, por sua vez, põe em risco mais vidas inocentes. O resultado de definir o terrorismo como mal é exacerbar o problema; e agravar o problema é ser cúmplice, ainda que de forma involuntária, da própria barbárie que condenamos.

Referências bibliográficas

ADORNO, Theodor. *Negative Dialectics*. Londres, 1973. [Ed. bras.: *Dialética negativa*. Rio de Janeiro: Jorge Zahar, 2009.]

AGOSTINHO. *The Confessions of St. Augustine*. Londres, 1963. [Ed. bras.: *Confissões*. São Paulo: Companhia das Letras, 2017.]

ANDERSON, Perry. *The Origins of Postmodernity*. Londres, 1998. [Ed. bras.: *As origens da pós-modernidade*. Rio de Janeiro: Jorge Zahar, 1999.]

ARENDT, Hannah. *Eichmann in Jerusalem*: A Report on the Banality of Evil. Harmondsworth, 1979. [Ed. bras.: *Eichmann em Jerusalém*: um relato sobre a banalidade do mal. São Paulo: Companhia das Letras, 2014.]

BENJAMIN, Walter. *Illuminations*. Londres, 1973.

BERNSTEIN, Richard. J. *Radical Evil*. Cambridge, 2002.

DAVIES, Brian. *The Reality of God and the Problem of Evil*. Londres; Nova York, 2006.

DAWKINS, Richard. *The God Delusion*. Londres, 2006. [Ed. bras.: *Deus, um delírio*. São Paulo: Companhia das Letras, 2012.]

DEWS, Peter. *The Idea of Evil*. Oxford, 2007.

EAGLETON, Terry. *Jesus Christ*: The Gospels. Londres, 2007.

_____. *Holy Terror*. Oxford, 2005.

_____. *William Shakespeare*. Oxford, 1986.

JAMES, Henry. *Henry James*: Selected Literary Criticism. Harmondsworth, 1963.

JAMESON, Fredric. *Fables of Aggression*: Wyndham Lewis, the Modernist as Fascist. Berkeley; Londres, 1979.

JASPERS, Karl. *Tragedy Is Not Enough*. Londres, 1934.

KIERKEGAARD, Søren. *The Concept of Anxiety*. Princeton, NJ, 1980. [Ed. bras.: *O conceito de angústia*. Rio de Janeiro: Vozes, 2013.]

_____. *The Sickness unto Death*. Londres, [s/d].

LEVI, Primo. *The Drowned and the Saved*. Londres, 1988. [Ed. bras.: *Os afogados e os sobreviventes*: os delitos, os castigos, as penas. Rio de Janeiro: Paz e Terra, 2016.]

LÉVINAS, Emmanuel. *Otherwise than Being*. Pittsburg, 1981.

MCCABE, Herbert. *Faith within Reason*. Londres, 2007.

MCGINN, Colin. *Ethics, Evil, and Fiction*. Oxford, 1997.

MIDGLEY, Mary. *Wickedness*: A Philosophical Essay. Londres, 1984.

MILBANK, John. Darkness and Silence: Evil and the Western Legacy. In: CAPUTO, John D. (Org.). *The Religious*. Oxford, 2002.

MONTAGU, Ewen. *The Man Who Never Was*. Stroud, 2007. [Ed. bras.: *O homem que nunca existiu*. Rio de Janeiro: Biblioteca do Exército, 1978.]

MORAN, Dermot. *The Philosophy of John Scottus Eriugena*. Cambridge, 1989.

NIETZSCHE, Friedrich. *On the Genealogy of Morals and Ecce Homo*. Org. W. Kaufmann. Nova York, 1979. [Ed. bras.: *Genealogia da moral*: uma polêmica. São Paulo: Companhia das Letras, 2007; *Ecce homo*: como alguém se torna o que é. São Paulo: Companhia das Letras, 2008.]

PSEUDO-DIONÍSIO. *Pseudo-Dionysus: The Complete Works*. Nova York, 1987.

RICOEUR, Paul. *The Conflict of Interpretation*. Evanston, IN, 1974. [Ed. bras.: *Conflito das interpretações*. Rio de Janeiro: Imago, 1978.]

SCHOPENHAUER, Arthur. *The World as Will and Idea*. Nova York, 1966. 2v. [Ed. bras.: *O mundo como vontade e como representação*. São Paulo: Ed. Unesp, 2015. 2v.]

STEVENSON, R. L. *The Strange Case of Dr. Jekyll and Mr. Hyde*. Londres, 1956.

SURIN, Kenneth. *Theology and the Problem of Evil*. Londres, 1986.

SWINBURNE, Richard. *The Existence of God*. Oxford, 1979.

ŽIŽEK, Slavoj. *Violence*: Six Sideways Reflections. Londres, 2008. [Ed. bras.: *Violência*: seis reflexões laterais. São Paulo: Boitempo, 2014.]

Índice remissivo

ações ruins, 95, 125. *Ver também* mal
Adão e Eva, 34, 35-6, 106-7
Adorno, Theodor, 37-8, 128
Agostinho, Santo, 61, 99, 110-1
AIDS, 135
alcoolismo, 98-102, 105
aldeia dos malditos, A (Wyndham), 10
amor: e morte, 40; como imperfeito, 38-9; Freud sobre o, enquanto ligado ao ressentimento e à agressão, 37; amor e misericórdia de Deus, 29-33, 53-4; em *A inocência e o pecado* de Greene, 53-6; necessidade humana de, 38-9; da injustiça pelo homem mau, 84-5; em *As ligações perigosas* de Laclos, 83-4
Anderson, Perry, 19
Andrew, príncipe, 116
Aquino, Tomás de, 35, 46, 58, 95, 100, 110-1

Arendt, Hannah, 51, 79, 108-9
argumento da ducha fria para vencer o mal, 116-8
Aristóteles, 12-3, 19-20, 34-5, 94-5, 112-3
arte e artistas, 21-2, 47-8, 54, 56-8, 62-3, 64-7, 70-1, 88-9, 96, 108-9
assassinato: de crianças, 9-10, 11-4, 15-6, 18-9, 86-7; como poder divino, 106; por Stálin e Mao, 86, 87-8, 112, 126-7
astrologia, 108
Austen, Jane, 25
autodestruição, 60, 80-1, 85-6. *Ver também* pulsão de morte; suicídio
autodeterminação, 18

Barry, Sebastian, 59
Barth, Karl, 112
batismo, 38
Baudelaire, Charles, 65, 107-8

beber. *Ver* alcoolismo

bebês. *Ver* crianças

Beckett, Samuel, 20-1

Benjamin, Walter, 58

Berkeley, Bispo George, 44, 48

Bernstein, Richard J., 41, 124-5, 136-7

Blake, William, 47, 61, 63, 110

bode expiatório, 37-8, 55, 88

bolcheviques, 130; russos, 130

Bond, Edward, 18-9

bondade: e aceitação do mal envolvendo-o com amor e misericórdia, 54-5; como responsável por seus próprios atos, 15-6; Tomás de Aquino sobre a, 58, 110; Blake sobre a, 110; conjunto de habilidade práticas de, 39-40; diferença entre boas ações e boas pessoas, 132; mal contra, 106; como livre do condicionamento social, 15-6; em *A inocência e o pecado* (Greene), 53-6; da natureza humana, 112-3, 128-30; e imortalidade, 49-50; e falta de prática, 53-4; e amor pela natureza incompleta das coisas, 90-1; e materialismo, 130-1; como algo metafísico, 61-2; classe média e virtude, 106; e a perfeição das coisas em si mesmas, 100, 122-3; na esfera privada *versus* a pública, 128; visão puritana da virtude, 16; semelhança entre o mal e a, 11, 15-6, 53-4, 61-2; como resultado do mal, 117-8, 120-1;

Schopenhauer sobre a, 95-6; como transcendência, 53-4

Brecht, Bertolt, 15

Brontë, Emily, 106

bruxas, 73-7, 82, 85-6, 92

Büchner, Georg, 61

Buddenbrook, Os (Mann), 96

cabala, 108

campo de concentração de Auschwitz. *Ver* Holocausto

capitalismo, 34-5, 69, 119-20

caridade, graça, 101

catolicismo romano, 38, 54, 111. *Ver também* cristianismo

César, 125

Céu, 29-31, 48, 53, 62, 113, 118

Chomsky, Noam, 126

CIA [Agência Central de Inteligência], 125

ciúme, 78-82

classe média: mediocridade da, 64; e moralismo, 19-20, 55, 64, 106; autonomia absoluta como sonho da, 18

comunistas, 16, 88. *Ver também* Stálin, Joseph

Conan Doyle, Arthur, 10

conceito de angústia, O (Kierkegaard), 62-3, 108-9

Confissões (Agostinho), 99

conflito nuclear, 135-6

Connolly, Billy, 110

consciência, 97-8. *Ver também* superego

conservadores, 17, 28, 129

conspirações, 125

conto do inverno, O (Shakespeare), 82
conversão, 22-3
Coreia do Norte, 86, 136
Coriolano (Shakespeare), 78-9
corpo: separação do, 75; o mal como cisão corpo-espírito, 26-7; aversão puritana pelo [corpo] sensual, 34-5; e raciocínio, 35-6. *Ver também* natureza humana; sexualidade
crianças: batismo de bebês, 38; necessidade de alimentação dos bebês, 40-1; inocência dos bebês, 39-40; assassinato de, 9, 10, 12, 13-4, 18-9, 86, 107; superego das, 9; visão vitoriana das, 9-10
Crime e castigo (Dostoiévski), 105
cristianismo: e batismo, 38; e conversão, 22-3; e morte, 28-9; e fundamentalismo, 68; e bondade, 109-11, 122-4; e teodiceia, 115-25. *Ver também* catolicismo romano
Cristo: artista como versão secular de 56-7; Deus como pai de, 111-2; cura por intermédio de, 117-8; mãe de, 38; como bode expiatório, 54-5
Crusoé, Robinson, 28
culpa, 14, 17, 36-7, 42-3, 76, 97-8, 132-3, 137
culto à celebridade, 108, 131

Davies, Brian, 120
Dawkins, Richard, 134-6
Debaixo do vulcão (Lowry), 102
demoníaco (diabólico) *versus* angelical, estado, 68-70, 80, 83, 91-2, 106, 108-9

dependência, 18, 39, 47
depressão, 98
Derrida, Jacques, 48
desastres naturais, 115, 117, 121-2
desejo, 22, 34, 36, 38-9, 39-40, 41, 47, 51, 61, 63, 65, 76-7, 78, 90-2, 95-6, 97-8, 100-4, 127
desespero, 13-4, 29, 64, 72, 101-3, 130-1
destruição: e mal, 57-9; e liberdade, 36
determinismo: do ambiente, 11-2; do caráter, 12
Deus: um delírio (Dawkins), 134-5
Deus: Tomás de Aquino sobre, 46, 110; Agostinho sobre, 61; como raio ameaçador em *Pincher Martin* de Golding, 30-2; como causa de si mesmo, 11; criação por, 58-60, 122-3; morte de, 107; visão do Iluminismo de, 123-4; Erígena sobre, 46-7, 63; e a existência do mal, 120-1; liberdade de, 47, 122; e as leis da lógica, 111-2; amor e misericórdia de, 28-32, 53-5; do *Paraíso perdido* de Milton, 106; mistério de, 123-4; como não ser, 46-7, 63; como a própria razão de ser, 77; perfeição de, 110; Pseudo-Dionísio sobre, 46; rejeição de, 29-30, 53, 61, 106; e teodiceia, 115-25
diabo e o bom Deus, O (Sartre), 13, 60
diabo. *Ver* Satanás
Dickens, Charles, 16, 106
diferença e diversidade, 41-2, 75
Dinamarca, 20

Sobre o mal

doença, 22, 41, 56, 57, 66, 102, 107-8, 121
Dogmática eclesiástica (Barth), 112
Dostoiévski, Fiodor, 57, 104-5, 116-7
Doutor Fausto (Mann): como alegoria da Alemanha nazista, 58-9, 61; música de vanguarda em, 59-60, 62-3, 64, 65-8; pulsão de morte em, 57-8, 66, 84-5; separação do corpo em, 75; mal como autodestruição em, 56-9, 60, 85-6; liberdade em, 36; inferno em, 63-4; postura humanista do narrador em relação à morte em, 66; risada de Leverkühn em, 70-1; Leverkühn como artista dionisíaco em, 56-7; niilismo em, 62-3; racionalismo de Leverkühn em, 67; estudo teológico por Leverkühn em, 53
ducha fria (argumento do escoteiro) para vencer o mal, 116-7

ego, 27, 93, 96, 98, 100-2, 104
egoísmo, 28, 39, 40, 69, 70, 95, 125
Eichmann, Adolph, 51, 79, 108-9, 114, 132-3
Eliot, T. S., 20-1, 55, 66-7
Emma (Austen), 25
Engels, Friedrich, 126
Erígena, João Escoto, 46-50, 63
Eros (instintos vitais), 57, 96
escravidão, 119-20
escritos secretos, Os (Barry), 59
Esperando Godot (Beckett), 49-50
estado angelical *versus* estado demoníaco (diabólico), 68-70, 80, 83, 91-2, 106, 108-9

Ethics, Evil, and Fiction (McGinn), 94, 113*n*
ética, 19-20, 54-5, 67
Eva. *Ver* Adão e Eva
Exército Republicano Irlandês, 15
exorcista, O, filme, 12-3

farsa, 72, 79
fascismo, 58, 65-7, 86-7. *Ver também* nazismo
Fausto (Goethe), 30, 58, 61
fazenda dos animais, A (Orwell), 33
felicidade, 22, 96, 99, 102, 118-9, 128
fenianismo irlandês, 10
fetiches, 40, 83, 90, 98, 110-1
feudalismo, 119
Fielding, Henry, 25
Finnegans Wake (Joyce), 49-50
Francisco de Assis, São, 130
Freud, Sigmund: sobre a pulsão de morte, 22-3, 57-8, 61, 83, 88-9, 96-8, 100; sobre o desejo, 36; sobre os sonhos, 98-9; sobre os instintos, 83; sobre o fetiche, 83; sobre o amor enquanto ligado ao ressentimento e à agressão, 36-7; sobre a melancolia, 98; sobre o prazer obsceno, 69-70; sobre as características psicopatológicas da vida diária, 114; sobre a sublimação, 83; sobre o superego, 9, 97-8; sobre o inconsciente, 46-7, 65-6, 83, 98-9
fundamentalismo, 68, 89-90, 105, 106-7, 108, 136-7; islâmico, 106-7, 136-7; religioso, 68, 89-90, 105, 106-7, 136-7

Genet, Jean, 65
Gide, André, 87
gnosticismo, 110
Goebbels, Joseph, 17
Goethe, Johann Wolfgang von, 58, 61
Golding, William: *Em queda livre* de, 34, 37-8, 42; *Os herdeiros* de, 33-4; *O senhor das moscas* de, 9, 33, 39-40. *Ver também Pincher Martin* (Golding)
gozo obsceno, 69-72, 73-114
Grã-Bretanha: crises na, 133-4; fenianismo irlandês na, 10-1; assassinos Moors na, 86-7; e terrorismo, 12
graça, 101-2
Green, André, 92-3
Greene, Graham, 50-5, 58-9, 64, 85-6, 101-2, 105, 109-10
Guerra Civil Inglesa, 116, 118-9
Guerra das Malvinas, 116
Guerra do Iraque, 136
Guerra Fria, 17

Hamlet (Shakespeare), 96
Hardy, Thomas, 37, 134
Hegel, G. W. F., 19-20, 34, 101-2, 127-8
herdeiros, Os (Golding), 33-4
história, 127-8, 133-4
Hitler, Adolph, 14, 51, 60-1, 87-8, 89, 132-3. *Ver também* nazismo
Holmes, Sherlock, 10-1
Holocausto, 22-3, 58-9, 61-2, 86-9, 117-8, 124-5, 132-3. *Ver também* nazismo

homem faustiano, 34-5, 61, 100-1
homem que nunca existiu, O (Montagu), 32-3
"Homens Ocos" (Eliot), 55
homossexuais. *Ver* pessoas homossexuais
humanismo, 21, 65-6, 126-7
Hume, David, 113

Iago. *Ver Otelo* (Shakespeare)
id, 96
idealismo, 69-72, 80-1, 83, 91
identidade, 13, 26-7, 30-1, 32-3, 38, 39-40, 63-4, 70-1, 73-4, 75-7, 79-80, 81-2, 83, 88-90, 92-3, 104
ideologia, 15-6, 52, 91, 108, 126-7, 137-8
Iluminismo, 28, 65, 116-7, 119, 123-4
imaculada concepção, 38
imortalidade, 49-50
impureza, 87-92
inconsciente, 17, 22-3, 46-7, 65-6, 74, 83, 97, 98-9
inferno: do alcoólatra, 102; como além da linguagem, 63-4; como tedioso, 108-9; e pulsão de morte, 71-2; desolação e desespero do, 72; diabo sobre o, 70-2; como eterna monotonia de si próprio, 27; extinção no, 29-30; medo do, 29-30; finalidade do, 29-30; fogos do, 104; e liberdade, 29-30, 53; Lacan sobre o, como *Ate*, 72; masoquistas no, 71-2; e niilismo, 71-2; *O terceiro polícia* de O'Brien como alegoria do, 43-50, 85-6;

e rejeição de Deus, 29-30, 53, 54; Sartre sobre o, 27; estranheza do, 49

influências sociais, 15-6, 17-8

inocência e o pecado, A (Greene), 50-6, 58-9, 64, 85-6, 92-3, 101-2, 105, 109-10

Inquisição, 88-9

instintos, impulsos, 38, 83. *Ver também* pulsão de morte

inveja, 94-5, 113

Investigações filosóficas (Wittgenstein), 63-4, 94

Irã, 136

Irlanda, 46. *Ver também* Irlanda do Norte

Irlanda do Norte, 20, 136-7

irmãos Karamázov, Os (Dostoiévski), 57, 104, 116-7

irmãs Pankhurst, 135

Jack, o Estripador, 112-3

Jackson, Michael, 87

James, Henry, 107-8

Jameson, Fredric, 19-20

Jaspers, Karl, 92

Jesus Cristo. *Ver* Cristo

Jó, Livro de, 123-4

Joyce, James, 36-7, 47-8, 49-50

judeus, 37, 79, 88-91, 124-5. *Ver também* Holocausto; nazismo

justiça, 41, 128

Kafka, Franz, 20-1

Kant, Immanuel, 15-7, 22-3, 86, 124-5

Keats, John, 96

Khmer Vermelho, 21

Kierkegaard, Søren, 62-3, 99-100, 101-4, 108-9

King, Martin Luther, 135

Kundera, Milan, 68-9, 80-1, 91

Lacan, Jacques, 72, 107

Laclos, Pierre de, 83-4

Lawrence, D. H., 50, 67, 104-5

Le Carré, John, 126

Lênin, V. I., 130

Levi, Primo, 89

Levinas, Emmanuel, 36-7

liberalismo, 13-4, 65-6, 119, 128-9

liberdade: e destrutividade, 36; e mal, 13-4, 34, 122; de Deus, 47, 122; e inferno, 29-30, 53; e pecado original, 36; e razão, 13-4; e autodestruição, 60; e influências sociais, 15-6, 17-8

libertarismo, 129

ligações perigosas, As [*Les Liaisons Dangereuses*] (Laclos), 83-4

livro do riso e do esquecimento, O (Kundera), 68-9, 91

Lowry, Malcolm, 102

luto, 40

Macbeth (Shakespeare), 73-84, 85-6, 89-90, 91-2, 93

Maioria Moral americana, 19

mal: estados angelicais e demoníacos do, 68-70, 91-2; como responsável por seus próprios atos, 15-6; Tomás de Aquino sobre, 110-1; tentativas de explicação e justificação do, 115-25; Agostinho sobre, 110-1; arte de vanguarda comparada com o, 60, 61-2, 64, 66-8; atos nocivos comparados com o, 95, 125; banalidade do, 107-10; Barth sobre o, 112; e a poesia de Baudelaire, 107-8; argumento da Visão Geral relacionado ao, 121; como cisão corpo-espírito, 26-7; argumento do escoteiro (ou da ducha fria) para vencer o, 116-8; e a mentalidade burocrática, 90-1; como enigma ou contradição, 91-2; como mau humor cósmico, 103-4; e tempo cíclico, 49-50; e morte, 22-3; e pulsão de morte, 112; e deficiência na arte de viver, 112-3; negação da existência do, 21-2; e destruição, 58-9; diferença entre ações más e pessoas más, 132-3; e heroísmo decadente, 55-6; vazio e falta de sentido do, 62-3; e hostilidade à vida humana, 55-6; análogos cotidianos do, 112-4; características do, 49; como característica ontológica permanente da condição humana, 40-1; e liberdade, 13-4, 34, 122; fascínio do, 106-7; gnósticos sobre o, 110-1; Deus e a existência do, 120-1; bem como resultado do, 117, 120-1; Hegel sobre o, 34, 127-8; e pavor da impureza, 91-2; e hostilidade ao mundo material, 47, 51-2; imortalidade do, 49-50; Kant sobre o mal "radical", 86; e falta de experiência, 53-4; como

carência de uma dimensão vital, 49; como o ato de sugar a vida dos outros, 68-9; e amor pela injustiça, 84-5; maniqueístas sobre o, 110-1; como metafísico, 21-2, 61-2; como monótono e enfadonho, 49, 75-6, 108-9; motivos causadores de maldade e ações más, 125-38; como mistério, 121-2; mal natural, 121-2; e niilismo, 18-9, 53-5, 64, 77-8, 79-80, 94-5, 104-5; e não ser e nada, 89-91, 112; como nostalgia de uma civilização mais antiga e mais simples, 105; origem do, 60; como fora de propósito, 77; incontestabilidade do, 112; mal "primitivo", 94; como projeção, 95-6; opiniões públicas sobre o pecado, 19-20; autonomia absoluta como sonho do, 18; como desinteresse absoluto, 84-5; como perversidade absoluta, 84-5; como maldade sem sentido ou não pragmática, 92-5; radicalismo do, 106; racionalidade do, 92-3; e rejeição da lógica da causalidade, 77; semelhança entre bem e, 11, 15-6, 53-4, 61-2; e Satanás do *Paraíso perdido* de Milton, 13, 55-6, 59, 106; como possessão demoníaca, 10-1, 12; Schopenhauer sobre o, 95-6; como autossuficiente, 60; natureza autoinibidora do, 103-4; lodo associado ao, 75-6; sistemas sociais e maldade, 125-8, 131-2; natureza superficial do, 49; como condição atemporal, 52; como transcendência, 53-4, 61-2; como estado transitório, 108-9; como não causado ou sua própria causa, 10-1; como incompreensível, 10, 8; irrealidade do, 14-5; virtude *versus*, 106. *Ver também* pulsão de morte; e autores e títulos específicos

mal "radical", 86, 136

maldade. *Ver* ações ruins; mal

maniqueístas, 61, 110-1

Mann, Thomas: *Os Buddenbrook* de, 96; *Doutor Fausto* de, 36, 56-72 *A montanha mágica* de, 109

Mao Tsé-Tung, 86-7, 87-8, 112, 127

Maria (mãe de Jesus), 38

mártires, 29

Marx, Karl, 20, 28, 119, 126, 133-4

marxismo, 18, 19-20, 118-20

masoquismo, 71-2, 97-8

matemática, 63

materialismo, 78, 111, 130-2

Mathers, Cotton, 43-4, 46, 85

McCabe, Herbert, 39

McFarlane, John, 32-3

McGinn, Colin, 94-5, 113

médico e o monstro, O (Stevenson), 75-6, 109

melancolia, 95, 98, 109

mencheviques russos, 119-20

mente burocrática, 91

mercador de Veneza, O (Shakespeare), 77-8

Midgley, Mary, 123-5

Milton, John, 13, 55-6, 59, 106, 113-4, 115-6, 118-20

modernismo, 20, 65-7

Montagu, Ewen, 32-3

montanha mágica, A (Mann), 109

moralismo, 19-20, 55, 105, 130-1

morte de Danton, A (Büchner), 61

morte em vida, 101-3

morte: ser-voltado-para-a-morte, 29; teologia cristã sobre a, 28-9; e cadáver, 91; e desespero, 101-2; e mal, 22-3; medo da, 30-1, 89-90; de Deus, 107; em *Pincher Martin*, de Golding, 25-33, 51-2, 99-100; como alegria, 96; e amor, 40; em *Doutor Fausto*, de Mann, 65-6; de mártires, 29; como não ser, 91; ensaio da, em vida, 28-9; postura diante da, 66; duas faces da, 91-2. *Ver também* pulsão de morte

muçulmanos. *Ver* terrorismo islâmico

mulheres, 12-3, 17, 39, 50, 70, 74, 86, 89, 90, 96, 101, 115, 119, 121, 122, 125-6, 129, 133-4

Mulheres apaixonadas (Lawrence), 67, 104-5

mundo como vontade e representação, O (Schopenhauer), 95

música. *Ver* música de vanguarda

música de vanguarda, 60, 62-3, 64, 66-8

nada, 82, 90-1, 102, 111. *Ver também* niilismo

natureza, 33, 51-2, 67, 89, 118, 121-2

natureza humana, 20, 27, 46-7, 113, 128-30, 132-6. *Ver também* corpo

nazismo: e renúncia da liberdade, 60; comparado com Stálin e Mao,

Índice remissivo

87-8; e campos de extermínio, 86-7, 89, 117-8, 124-5, 132-3; e a dupla face do mal, 69-70, 91-2; e Eichmann, 79, 108-9, 114, 132-3; e fundamentalismo, 89-90; em *Em queda livre* de Golding, 42-3; e ódio da realidade material, 47, 69-70, 91; e Hitler, 14, 51, 60-1, 87-8, 89, 132-3; e Holocausto, 22-3, 58-9, 61-2, 86-9, 117-8, 124-5, 132-3; e idealismo, 69-70, 91; e judeus como ameaça ontológica, 89-91; como fenômeno modernista, 67; e o não ser e o nada, 90-1; e o Outro, 89-90; e o impulso patológico para a autoidentidade, 93; e purificação da raça, 87-90; comícios dos, 108-9; e autodestruição, 58; e SS, 21; e moralidade suburbana, 64-5

Nietzsche, Friedrich, 48, 51, 67, 102, 121

niilismo: e sociedades angelicais, 108; e mal, 18-9, 53-5, 64, 77-8, 79-80, 94-5, 104-5; e inferno, 71-2; em *Doutor Fausto* de Mann, 62-3; e negatividade, 134; e Nietzsche, 51-2. *Ver também* pulsão de morte

nomes divinos, Dos (Pseudo-Dionísio), 46

Norwich, John Julius, 32

Nova Era, 108

O'Brien, Flann, 43-50, 111-2

Oliver Twist (Dickens), 15-6

Operação Carne Moída, 32-3

orgulho, 30-1, 55, 57-8, 64, 104

Orwell, George, 33

Otelo (Shakespeare), 30, 77-83, 84-5, 89-90, 93, 98-9

Outro, 36-7, 89-90

palhaço 68, 79, 109-10

Paraíso perdido (Milton), 13, 55-6, 59, 106-7, 115-6, 118-9

Paulo, São, 55, 98, 101

pecado: Agostinho sobre o prazer do, 99; crença no, 20; amor de Deus pelos pecadores, 53, 64; pecado original, 33-40, 42-3, 98, 111, 128-9, 132; São Paulo sobre o, 98; do orgulho, 30-1, 57-8. *Ver também* mal

pecado original, 22, 33-43, 98, 111, 128-9, 132, 135-6

pena capital, 39

perdão, 30, 42-3, 54-5, 98

pessoas homossexuais, 41, 89

Pincher Martin (Golding): raio ameaçador em, 29-32, 52-3; egoísmo desumano em, 26-30; "núcleo sombrio" de Pincher Martin em, 26-30; morte em, 25-32, 51-2, 99-100; separação do corpo em, 26-7, 75; destruição dos rochedos, do céu e do oceano no final de, 30-2, 48-9, 82; mal como maldade sem sentido e não pragmática em, 92-3; como fábula do purgatório, 28-9, 43; medo do nada em, 101-2; inferno como vazio em, 63-4; ilusão de Pincher Martin, 72; egoísmo desumano em, 84-5

porões do Vaticano, Os (Gide), 87-8
pós-modernismo, 20, 40-1, 89, 107
possessão demoníaca, 10-1, 12-3
Primeira Guerra Mundial, 14
princípio de prazer, 97
princípio de realidade, 97
progressivismo, 135-6
projeção, 95
Prometeu, 28
Provérbios do Céu e do inferno (Blake), 110
Pseudo-Dionísio, 46
psicanálise, 22-3, 38, 92, 94, 95, 97, 100, 107, 112. *Ver também* Freud, Sigmund
psicose de massa, 87
pulsão de morte: e morte em vida, 101-4; e desespero, 101-4; e destruição, 57-8, 112; e sensação extática de libertação, 97; e mal, 57-8, 112; Freud sobre a, 22-3, 57, 61, 83, 88-9, 96-9, 100; e inferno, 71-2; como inextinguível, 99-104; e melancolia, 98; e nazismo, 57, 100-1; na vida cotidiana, 113; e superego, 97-8. *Ver também* mal; niilismo
purgatório, 29, 43
purificação da raça, 87-90
puritanismo, 16, 34-5, 64, 105-6, 118-9

Queda afortunada, 33-4, 118-20
queda livre, Em (Golding), 34, 37, 42

radicais e revolucionários, 74, 104, 116, 118-9, 129-31, 136

Radical Evil (Bernstein), 136
Rawls, John, 85
razão: e corpo, 35-6; e mal, 116-7; e liberdade, 13-4; significando anulação da vida, 68
responsabilidade, 16-8, 123
revolucionários e radicais, 74, 104, 116, 118-9, 129-31, 136
Ricardo III (Shakespeare), 13
Ricoeur, Paul, 124
ridículo, 59, 60, 79-80, 109
Rimbaud, Arthur, 64
Romanos, Carta aos, 98
Rousseau, Jean-Jacques, 39

Sade, marquês de, 84
sadismo, 42-3, 84, 89, 94-6, 99, 113, 132
Salva (Bond), 18-9
santos, 54-63, 64, 131
Sartre, Jean-Paul, 13, 27, 60, 84
Satanás: como anjo e demônio, 69-70; como criador do nada, 59; em *Os irmãos Karamázov* de Dostoiévski, 116-7; como anjo caído, 60; sobre o inferno, 70-2; risada de, 68-9; no *Doutor Fausto* de Mann, 64, 70-1; do *Paraíso perdido* de Milton, 13, 55-6, 59, 106-7; orgulho de, 30-1, 57-8; natureza reacionária de, 104-5; como intelectual arrogante e palhaço vulgar, 67-8
satanismo, 57, 108
Schadenfreude (prazer maligno com os infortúnios alheios), 113
Schelling, F. W. J., 47
Schoenberg, Arnold, 64

Índice remissivo

Schopenhauer, Arthur, 59, 95-6, 99-100, 118, 127-8, 134
Segunda Guerra Mundial, 32
senhor das moscas, O (Golding), 9, 33, 39-40
ser-para-os-outros, 29
ser-voltado-para-a-morte, 29
Sex and Character (Weininger), 90
sexualidade, 51-2, 52-3, 97, 107, 111, 132
Shakespeare, William: *Coriolano* de, 78-9; bobo de, 75; *Hamlet* de, 96; *Macbeth* de, 73-84, 85-6, 89-90, 91-2, 93; *O mercador de Veneza* de, 77-8; *Otelo* de, 30, 77-83, 84-5, 89-90, 93, 98-9; *Ricardo III* de, 13; *A tempestade* de, 75; vilões de, 18; *O conto do inverno* de, 82
socialismo, 19, 40, 65, 119-20, 129-30
sofrimento, 40, 53, 71, 72, 94-6, 99-100, 102, 113, 118, 120-1, 124, 127
Sonho Americano, 34-5
sonhos, 61, 98
Stálin, Joseph, 86-8, 127
Sterne, Laurence, 44
Stevenson, Robert Louis, 75-6, 109
sublimação, 83
suicídio, 60, 80-1, 85-6, 98-9, 104
superego, 9, 96, 97-8
Surin, Kenneth, 116
Swinburne, Richard, 117

Tanatos. Ver pulsão de morte
tempestade, A (Shakespeare), 75

teodiceia, 115-25
teoria moral do agente comunitário, 21
terceiro polícia, O (O'Brien), 43-50, 85, 109
terra desolada, A (Eliot), 66-7
terrorismo, 14, 97, 136-8; islâmico, 14, 136-8
Tom Jones (Fielding), 25
tratado da natureza humana, O (Hume), 113
trevas, 67, 111-2
Tristam Shandy (Sterne), 44

Ulisses (Joyce), 37
União Soviética, 17, 130. *Ver também* Stálin, Joseph

vampiro, 20, 66, 107, 109
vício, 98-9, 106, 131
violência. *Ver* nazismo; terrorismo
virtude. *Ver* bondade
vírus, 42, 123, 135
Visão Geral como argumento relacionado ao mal, 121
Vontade, 95-6, 99-100

Weininger, Otto, 90
Wilde, Oscar, 37
Wittgenstein, Ludwig, 63-4, 94
Wyndham, John, 10

Yeats, W. B., 49-50, 57, 65

Žižek, Slavoj, 50

SOBRE O LIVRO

Formato: 13,7 x 21 cm
Mancha: 24,5 x 38,7 paicas
Tipologia: Iowan Old Style 10/14
Papel: Off-White 80 g/m^2 (miolo)
Cartão Supremo 250 g/m^2 (capa)

1ª edição Editora Unesp: 2022

EQUIPE DE REALIZAÇÃO

Edição de texto
Thomaz Kawauche (Copidesque)
Tulio Kawata (Revisão)

Editoração eletrônica
Sergio Gzeschnik

Capa
Marcelo Girard

Assistência editorial
Alberto Bononi
Gabriel Joppert

Rua Xavier Curado, 388 • Ipiranga - SP • 04210 100
Tel.: (11) 2063 7000 • Fax: (11) 2061 8709
rettec@rettec.com.br • www.rettec.com.br